交通银行史话

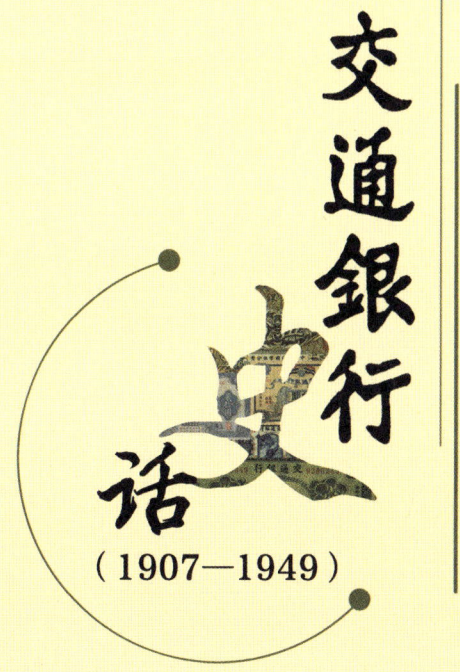

(1907—1949)

沈居安 著

青岛出版社
QINGDAO PUBLISHING HOUSE

序言

　　平生做自己喜欢的事是人生的幸事，若能把自己喜欢的事再做得出彩、卓有成效，人生当算幸福和美满了！

　　喜欢"文字"的沈居安，就把自己喜欢的事做得令人赞叹。30岁的他从青岛市委宣传部来到银行，从事金融工作25年，业余时间，他从事钱币的收藏和研究，发表了多篇钱币研究文章，尤其是对人民币及山东地方货币的研究成果颇丰。2012年，他出版了专著《人民币鉴赏与收藏》。在做自己喜欢的事的同时，他为宣传人民币、正确引导人民币鉴赏与收藏做了好事！

　　为了报答自己的"母行"，恭迎2018年交通银行110岁华诞，他用3年业余时间完成了这本《交通银行史话（1907-1949）》。此书旨在弘扬交通银行优秀的传统文化，并在介绍交通银行历史的同时，探寻中国现存最老银行的长寿之道，感悟中国近代金融发展的艰辛之路，以期给当今金融改革创新带来启迪。此书被中国钱币学会立项为重点学术研究课题，并且通过了中国钱币学会学术专家委员会的结项审定，为山东省的钱币学术研究争了光、作了贡献。此书的顺利出版发行，也为沈居安喜欢做的事增添了绚丽色彩，更一了他以此圆满自己职业生涯的心愿。

  此书构思巧妙、独到，它没有纠缠于冗长繁杂的历史，而是精选了这段历史中有代表性的事、人和钞票来描绘刻画，通过说事的第一篇《老世故——叫好长寿的交通银行》、说人的第二篇《老前辈——印象交通银行的历史人物》和说钱的第三篇《老钞券——赏析交通银行发行的券钞》，把一个历经晚清、民国和新中国三个时期，跨越中国近代三种社会制度的历史变迁，一百多年未更名，创造了历史奇迹的交通银行鲜活生动地展现出来。从来不是中国最大、也不是最强的银行，能够在中国历史大动荡、大变革的时代，始终置身金融前沿，创造历史奇迹，必有其独到的经营发展之道。

  历史是最好的教科书，学史可以看成败、鉴得失、知兴替。沈居安和他的这本书为再现中国近代金融历史作了很好的尝试和实践，祝愿沈居安把他喜欢的事做得更好，不断出新出彩！

贺传芬

齐鲁钱币博物馆馆长

山东钱币学会副理事长兼秘书长

自序 ①

早想就老交通银行写点什么,一来,交通银行是中国现存最老的银行,有许多值得称道的东西却不为人所知;二来,在下为交通银行打工20多年,迟暮之年,有心再为它做点新事,告慰今生,完善一下职业生涯!

写老交通银行久未动笔的缘由主要有三个:一是手中的材料少,对老交通银行了解得不多;二是搜集材料的渠道少,得到老交通银行资料的途径不多;三是担心对老交通银行感兴趣的人少,拙作鲜有读者。好在前期写作《人民币鉴赏与收藏》一书积累了些许经验,描画老交通银行,至少可以留下些"交行故事",至少可以为现代人了解交通银行添些情趣。

交通银行有100多年的历史,历经晚清、民国和新中国三个时期。写老交通银行,若是正说、历史考研,那是史学专家的本事,在下若是班门弄斧,只会弄巧成拙。好在老行如老庙,探寺舍、问主持、看法器、寻经文、观法事,也可知庙宇。于是,便有了"择珠成串"说史事、漫话老交通银行的思路。

"闲话少说,废话不说",本书分3篇,共30节,力图用最简洁的文字、最经典的事例,精心刻画出老交通银行的风貌,以飨读者。

第一篇《老世故——叫好长寿的交通银行》说事,讲述交通银行历史上最具特色的往事;第二篇《老前辈——印象交通银行的历史人物》说人,评说历史上影响交通银行的12个著名人物;第三篇《老钞券——赏析交通银行发行的券钞》说钱,赏析交通银行历史上33年发行的券钞。通过说事、说人和说钱,刻画老交通银行的"为人品德",从而对其有比较全面的认识。

沈居安

2017年10月1日

清光绪三十四年（1908）成立的交通银行，是中国现存最老的银行。交通银行历经晚清、民国和新中国，跨越中国近代三种社会制度的历史变迁，一百多年未更名改姓，独善其身，创造了历史纪录。交通银行从来不是中国最大的银行，也不是最强的银行。然而，在中国历史大动荡、大变革的时代，它始终置身金融前沿，捷报频传，且"寿命"最长，创造了历史奇迹，它的生存之道对现代金融经营有着诸多启迪。

本书趣写交通银行的老世故、老前辈和老钞券，力求通过"说事"、"说人"和"说钱"这"老三篇"，把交通银行的经典精炼地呈献给读者，用简短的时间对老交通银行有一个比较全面的认知。

第一篇——《老世故——叫好长寿的交通银行》，优选交通银行历史上12个经典世故，趣说交通银行的择日成立、御准开业、帝师书名、服务交通、钟情火车、装束变化、股本历史、首战大捷、重大危机、产品创新、货币发行和审势转变，展示交通银行创业的艰辛、守业的艰苦和展业的艰难，令读者品悟交通银行的长寿之道。

第二篇——《老前辈——印象交通银行的历史人物》，讲述了陈璧、李经楚、梁士诒、曹汝霖、张謇、钱新之、卢学溥、胡祖同、胡笔江、唐寿民、谢霖和金国宝这12位对交通银行产生了重大影响的著名历史人物,公正客观地介绍了他们对交通银行发展的历史作为,展示了交通银行老前辈的敬业、精业和兢业,以及为交通银行事业勇于奉献的精神风貌。

第三篇——《老钞券——赏析交通银行发行的券钞》,交通银行拥有33年的货币发行史,是中国历史上发钞时间最长的商业银行。交通银行共发行了银两券、铜元券、银元券、小银元券、辅币券和法币券,共计五大类25版100余种基本钞券,如果再细算版别,则不下千余种。这些钞券由中外10多家机构印制,是中国近代货币百花苑里的奇葩一族。了解交通银行的发钞历史、钞券版面风格、承制商、个性化签名、种类版别和面额,可以加深对交通银行的印象。

本书尝试联系时下金融转轨改革和银行特色服务,对应今昔的"交通"、"大交通"部制、"官商合股"和国有银行股权"混改"等"时鲜"问题,进行"一家之言"的简言比对和提示,期望触发读者的改革思维。

在中国金融改革攻坚克难之时、国际金融竞争惨烈之际,献上一盘用交通银行民族传统"食材"烹制的"新菜",期望"老三篇"成为接地气的"地三鲜",让读者开胃、保健和强身!

沈居安

2017年10月1日

目录

序　言 ·· 1

自序 1 ·· 3

自序 2 ·· 5

第一篇　老世故 —— 叫好长寿的交通银行

第一节　择日而立好生辰——龙头节与交通银行生日 ················· 3

第二节　御准官商好身世——邮传部及陈璧与交通银行 ·············· 8

第三节　帝师书名好招牌——郑孝胥与交通银行 ······················ 14

第四节　定位交通好前程——交通及交通系与交通银行 ············· 19

第五节　钟情火车好形象——火车铁路与交通银行 ··················· 24

第六节　装束入时好行头——交通银行的守门狮和罗马柱 ·········· 30

第七节　官商合股好投资——交通银行股权构成及行业历史地位 ··· 38

第八节　首战大捷好身手——京汉铁路与交通银行 ··················· 43

第九节　挤兑停兑好风险——交通银行历史上的两次重大危机 ···· 49

第十节　趋新创新好秉性——交通银行首推银行承兑汇票 ·········· 55

第十一节　货币发行好作为——交通银行的货币发行历程 ·········· 60

第十二节　审时应变好转身——社会大变迁中的交通银行 ·········· 67

第二篇　老前辈——印象交通银行的历史人物

- 第一节　陈　璧——兢业精业的交通银行之父 …… 77
- 第二节　李经楚——公私两损的交通银行首位掌门人 …… 84
- 第三节　梁士诒——叱咤风云的总理和"交通系"领袖 …… 90
- 第四节　曹汝霖——用晚节欲挽回前誉之失的积善修德人 …… 98
- 第五节　张　謇——力挽狂澜的实业巨子和状元总理 …… 104
- 第六节　钱新之——聪明睿智的银行家和打工皇帝 …… 111
- 第七节　卢学溥——最后的总理和第一位董事长 …… 117
- 第八节　胡祖同——克己奉公的第一位总经理 …… 123
- 第九节　胡笔江——为国捐躯的中国金融巨子 …… 129
- 第十节　唐寿民——拎一把阳伞闯天下的银行家 …… 136
- 第十一节　谢　霖——中国现代会计的创始人 …… 142
- 第十二节　金国宝——中国近代统计学奠基人和票据贴现第一人 …… 148

第三篇　老钞券——赏析交通银行发行的券钞

- 第一节　两朝三段33年——交通银行的发钞历史 …… 155
- 第二节　大气高雅先进突显经营特色——交通银行钞券的版面风格 …… 163
- 第三节　一线二线技术巧妙应用——交通银行钞券的防伪反假 …… 179
- 第四节　出自名门 身世超凡——交通银行钞券的承制商 …… 186
- 第五节　彰显个性的手书笔迹——交通银行钞券上的汉英文签名 …… 196
- 第六节　五大类25版100多种——交通银行钞券的种类版别和面额 …… 206

附1：

    交通银行大事记（1907—1949） ………………………………… 215

附2：

    关于推荐中国钱币学会2015年度课题的通知（中钱会发〔2014〕16号）

    ………………………………………………………………………… 218

附3：

    关于中国钱币学会2014、2015年第一批课题结项验收结果的通知

    （中钱会发〔2016〕13号）……………………………………… 221

后　记……………………………………………………………………… 224

第一篇

老世故——叫好长寿的交通银行

交通银行是中国现存最老的银行,从1908年(光绪三十四年)开业,至今已经年逾百岁。100多年里,交通银行历经晚清、中华民国和中华人民共和国"三朝",跨越中国三种社会制度的历史变迁。

金融是高风险行业,在中国历史大动荡、大变革的时代,交通银行沉浮于经济核心领域100多年,逢凶化吉,独善其身,是个历史奇迹。交通银行的生存发展之道可以给现代金融经营和管理带来许多启迪。

孔子曰,"仁者寿"。在"慈不理财,善不带兵"的氛围中,交通银行抓准机遇,饕餮利润,从未心慈手软。老子曰,"寿者死而不亡"。先贤无奈生命的终结,将精神的存活期也计入了寿命。交通银行贵为"官商",但是秉承趋新创新、敬业奋发的传统,从来没有"食而不作","老而不死视为贼"对它也不适用。

交通银行从来不是中国最大的银行,也不是中国最强的银行,但是生存能力出众,走得最远,活得最长!它"长寿"的秘诀应该是"中和"得当,顺应潮流,审时度势,恰到好处,恰如其分地"为人为事"。

第一节
择日而立好生辰 ——龙头节与交通银行生日

交通银行选择了中国龙起的日子开张立业，得天时，取地利，聚人和。这个龙头节诞生的"福娃"，犹如天时"龙抬头"，任何力量也压抑不住，迎接它的必将是明媚的阳光和生机盎然的春天！

农历二月初二是中国民俗中的龙头节，是个让中国人振奋的日子。这一天也是交通银行的农历生日，一个值得纪念和庆贺的日子。交通银行始建于1908年（清光绪三十四年）3月4日，这一天正是农历戊申年的二月初二，是中国传统的龙头节。

龙头节最早起源于中国的伏羲氏时代，俗称"二月二，龙抬头"。据说到了这一天，冬眠的龙会被春雷惊醒抬头而起，所以称为龙头节，民间也叫春龙节或青龙节。这个时节正处在中国农历节气"雨水""惊蛰"和"春分"之间，正是春雨飘洒、万物复苏的好时候。在中国，龙是兴风雨、利万物，消灾纳福的神兽，春风化雨的功劳自然就归于龙的名下。于是，欢庆龙头节时人们还要"焚香水畔，以祭龙神"，到江河边祭拜龙神。

"二月二，龙抬头"还和中国古天文学有关。中国古代用二十八宿来表示日月星辰在天空的位置，并根据它们的位置判断季节。

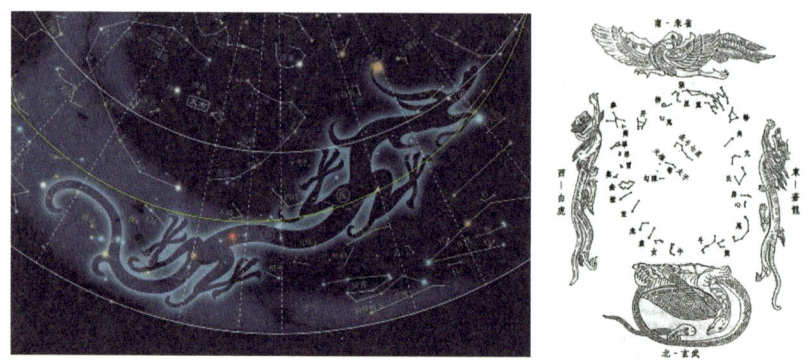

中国古代用二十八宿中角、亢、氐、房、心、尾、箕七宿构成一个完整的龙形星座。

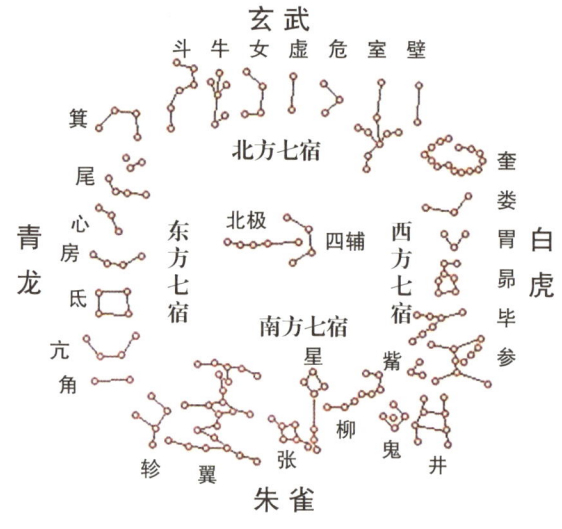

二十八宿图

二十八宿分为四组,每组七个,分布于东南西北四个方向(如图),按照每组的形状,又赋予青龙、白虎、玄武和朱雀的星座称谓,表现在平面图上根据东南西北的位置,就是所谓"左青龙,右白虎、上玄武、下朱雀"。二十八宿中的东方七宿,角、亢、氐、房、心、尾、箕构

第一篇 老世故——叫好长寿的交通银行

成青龙星座,角宿恰似龙的角。到了农历二月,黄昏时分,龙角星会从东方地平线上出现,而这时青龙的身子还隐没在地平线以下,只是角宿初露,故称"龙抬头"。

龙是中华民族的图腾,炎黄子孙是龙的传人,在封建社会皇帝是主宰天下的真龙天子。选择龙起的日子立业起事,与龙共腾,有了真龙天子的庇佑和龙的传人的呼应,无疑得天时、地利和人和,而这个神龙吉日非二月初二龙抬头之日莫属。古人信奉天命,天命不可违,认为生辰影响命运,命运主导生死富贵。因此,立业开张也要选择良辰吉日,交通银行的缔造者们选择龙头节立业可谓用心良苦!

1908年交通银行成立时的旧址(设计者:近代著名建筑师杨廷宝)(北京前门西河沿街9号)

实际上，1908年新生儿交通银行是诞生在一个艰难凶险的环境里。以英帝国主义为首的列强早已涉足中国，饕餮着半殖民地半封建社会中国的金融市场。1845年，英国丽如银行（东方银行）持"皇家特许状"率先进入中国，依仗英国政府的保护和支持行使着"特许"职能，成为进入中国的第一家外国银行。"特许"带来的巨额利润使一批英国银

上海交通银行新大楼

行趋之若鹜，纷纷效尤。1854年（咸丰四年）呵加喇银行和有利银行来了，1855年汇隆银行来了，1858年麦加利银行也来了。清朝同治年以后，登陆中国的英国银行更多了。除了英国，其他外国银行也相继逐利到达：1860年法国法兰西银行来了，1890年德国德华银行来了，1892年日本横滨正金银行来了，1896年俄国华俄道胜银行来了，1902年美国花旗银行、比利时华比银行来了，1903年荷兰嚦兰银行也来了。饿狼群至，厮杀惨烈！此时在中国，就是作为有清政府背景的官办银行，交通银行也不是第一家。早在1897年，由清政府督办全国铁路大臣盛宣怀奏请清廷成立的"中国通商银行"就已开业，成为中国自办的第一家银行。1905年，清政府"户部银行"（后称"大清银行"）创立，开始行使清朝国家银行的职能。

第一篇 老世故 ——叫好长寿的交通银行

交通银行的缔造者、建业者和经营者们，无疑是一代代精通国学、顺应潮流、胸怀大志、勤奋敬业的报国精英。100多年过去了，大江东去浪淘尽，当年交通银行的觊觎者大多折戟沉沙，灰飞烟灭。如今100多岁的交通银行，历经晚清、民国和新中国，跨越三种社会制度的历史变迁，成为中国现存最老的银行，跻身全球百强银行之前列。

风雨兼程的交通银行，一路坎坷，命运多舛。然而，这个龙头节诞生的"福娃"，犹如天时"龙抬头"，任何力量也压抑不住，迎接它的必将是明媚的阳光和生机盎然的春天！

第二节
御准官商好身世——邮传部及陈璧与交通银行

交通银行由慈禧太后和光绪皇帝御准设立,数月内就完成了从奏议到开张的繁杂过程,其"后台"之强势和设立者之急迫可见一斑。虽"英雄不问出处",然"王侯将相宁有种乎?"!一个有背景的身世,无疑为创造英雄前程奠定了厚实的基础,好身世伴行交通银行!

1907年12月8日(光绪三十三年十一月初四),大清邮传部尚书陈璧奏请慈禧太后和光绪皇帝设立交通银行,不久即获恩准。1908年初,大清邮传部颁发了交通银行启用章印及开张日期札件,1908年3月4日(光绪三十四年二月初二),交通银行在北京正式开业。

大清邮传部铸颁的交通银行印鉴

第一篇 老世故——叫好长寿的交通银行

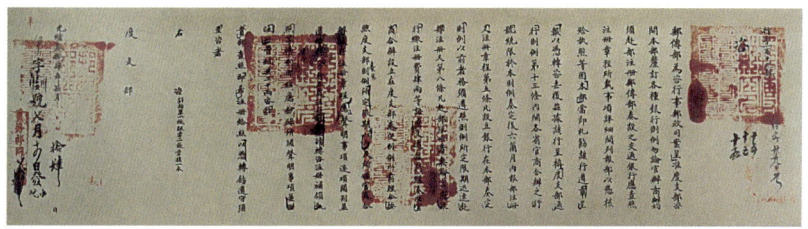

邮传部为交通银行呈请注册的札件

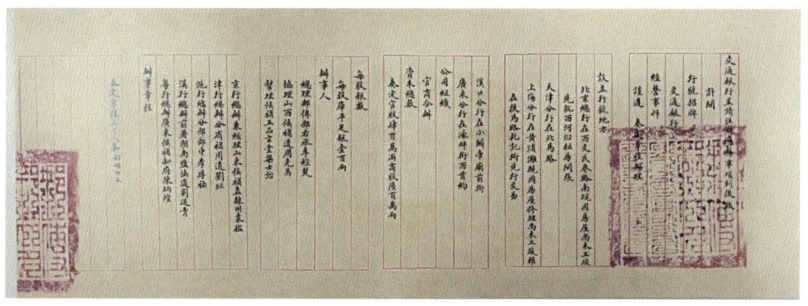

邮传部为交通银行呈领执照的札件

筹备成立一家有朝廷背景的银行,在数月内就完成了从奏议到开张的繁杂过程,上下联动,一路放行,罕见的高效率,足见交通银行"后台"的强势和设立者的急迫。成立交通银行是清廷上下高度认同和行动一致的结果。那么,成就交通银行的邮传部和陈璧又是何方"神圣"呢?

清朝延用了中国自隋朝以来形成的六部制国家行政管理机构体制,中央政府辖设"吏、户、礼、兵、刑、工"六部。尽管清朝时中国的GDP一度达到世界总量的三分之一,但是"六部"始终没有改变和扩编。清朝设立邮传部,缘自光绪三十二年(1906年)推行"预备立宪"政体改革对国家行政机构的重大改组。"预备立宪"就是收权于中央政府,为此清廷对六部的名称和职能进行了重大调整改组,把原有的巡

9

警部改为民政部,户部改为度支部,兵部改为陆军部,刑部改为法部,工部并入商部改称农工商部,新设立了邮传部,从此邮传部诞生并成为六部之一。清朝的这次机构变革使清政府传统的六部中央行政制度格局完成了从名称及形式到现代政治体制的过渡,是一个重大的历史性进步。

大清邮传部的主要任务是兴办现代实业,晚清政府对邮传部寄予了厚望,除了整合政治资源加强中央集权以外,还赋予了它推动交通等新型经济发展的重托。大清邮传部设船政、路政、电政、邮政、庶务五司,其辖属的机构把持了国计民生重要行业的管理经营权,管辖的范围相当于今天的交通部、铁道部和信息产业部之总成。大清邮传部设立时,清政府已经日薄西山,但是作为发展现代经济的主办部门,大清邮传部在发展铁路、航运、邮政、电信事业等方面表现不凡,为促进中国近代交通邮政事业发展作出了卓越贡献。

大清邮传部的所为都是耗费巨资的大手笔,其筹款结算要有自己信得过的银行,于是邮传部组建了交通银行,其目的首先是为了筹款赎回京汉铁路经营权,继而为兴办航运、铁路、电报、邮政四项事业筹款及结算,进而开展商业银行的相关业务。交通银行早期骄人的业绩都是在大清邮传部的统领和指挥下完成的。

1912年(民国元年)4月23日,中华民国"中华邮政"成立,它取代了大清邮传部。成立不到6年的大清邮传部及大部分所辖机构退出了历史舞台。但是,大清邮传部"嫡出"的交通银行,因为其无可替代的作为活了下来,一直活跃在中国近现代经济的前沿,100多年没有更名。

大清邮传部的主官称尚书,后来称大臣和正首领。作为临危受命

第一篇 老世故——叫好长寿的交通银行

担当重任的部门,大清邮传部主官是朝廷重臣,深得太后和皇上信任。邮传部尚书多是功力资深、左右逢源、上下认可的人才。然而,事多易错,伴君如伴虎,多方利益冲突部门的主官也是难以长期自保的。大清邮传部存续不到6年,更换了13任主官,平均每位任期不足半年,史说"设部未及半年,死者、去者、革者相继连绵不绝"。陈璧和盛宣怀就是大清邮传部13任主官中经历颇有代表性的两位。

盛宣怀是唯一担任过大清邮传部尚书和大臣两个头衔的主官,他于宣统二年任尚书,宣统三年四月续任大臣。盛宣怀是中国近代实业巨子,晚清时他收回邮政经营权,接收驿站,规划邮路等,业绩卓著。中国自办的第一家银行就是他督办铁路时奏请清廷后在1897年5月成立的中国通商银行。慈禧太后对盛宣怀的评价是,"为不可少之人",并在光绪十九年(1893年)将今天中日争议的钓鱼台(岛)赏给他作私家采药用地。慈禧太后在赐岛的诏书中写道:"盛宣怀所进药丸甚有效验,……"后来,盛宣怀主张借外债赎铁路经营权归国有,引发四川保路运动,产生社会大动荡,终被革职,其家财也被查封。

盛宣怀及慈禧太后赏给他的钓鱼岛

慈禧太后赏给盛宣怀钓鱼岛的圣旨　　　　慈禧太后　　　　光绪皇帝

陈璧，1852年生人，是邮传部历任尚书中在任最早、时间最长的一位，从光绪三十三年四月至宣统元年一月，在任一年零八个月。交通银行就是他在任时亲自上奏和组织成立的，他还参照西方银行制定了第一个《交通银行章程》，可称"交通银行之父"。

陈璧到任大清邮传部尚书后积极整顿部务，主要政绩有收回京汉铁路经营权、收买商办电报、创办交通银行、筹议收回邮政经营权等。后来陈璧遭到弹劾，因贪污、卖官治罪被革职。

陈璧在任时的清廷贪腐横行，为何唯"陈独负其重咎"？追究其深层原因，史界认为主要原因有二：一是陈璧"为人气度偏浅，遇事不知从大处着手，且好挑剔细故，自诩精能，故舆论多薄之"；二是陈璧属袁世凯派系的人，"适以奉派修筑崇陵及摄政王府第两事，失

第一篇 老世故——叫好长寿的交通银行

陈璧

建于1662年位于福建闽侯南通镇苏坂村的陈璧族屋

隆裕太后及摄政王之欢",载沣当政后袁世凯被贬殁及陈璧。

被革职永不叙用的陈璧退为寓公,终日"种花莳蔬以自娱",乐得休闲逍遥,77岁善终。

御准"官商"交通银行,离别了邮传部、陈璧,送走了大清、北洋政府和南京国民政府,带着官商的身份历经100多年坎坷征程,今天仍是国有商业银行。

虽"英雄不问出处",然"王侯将相宁有种乎"!一个有背景的身世,无疑为创造英雄前程奠定了厚实的基础,好身世伴行交通银行!

第三节
帝师书名好招牌——郑孝胥与交通银行

交通银行的汉字招牌乃清宣统皇帝溥仪的老师郑孝胥题写。郑孝胥的字有楷书和行书见长的独特风格,可以矫正赵之谦的飘泛、陶宣的板滞和李瑞清的颤笔弊端。"交通银行"之招牌汉字,紧炼方折,肃穆典雅,险绝纵逸,规范中奇姿流美,这正是郑孝胥的力作。

汉字书法是中华国粹,招牌请名人名家题字书写是国人的传统做法。被聘请题写招牌的人大多都是大家,或业绩昭著地位显赫,或书法了得乃一代宗师,二者若是兼有,其题字就是上之上者了。交通银

交通银行钞券上的郑孝胥书法汉字

第一篇 老世故——叫好长寿的交通银行

行自成立起就有汉字书法题名,题写交通银行汉字书法行名和钞票中汉字的就是郑孝胥。郑孝胥是近代著名政治家和书法家,因为他曾给清朝宣统皇帝溥仪讲授过《资治通鉴》,因此他还有"帝师"的称谓。

郑孝胥(1860—1938),字苏戡,一字太夷,号海藏,福建闽侯人。他是晚清的大官僚,伪满洲国的总理。清末他是改革派政治家,伪满洲国时期的重臣。

郑孝胥

郑孝胥在光绪八年(1882年)中举,时年22岁,历任清朝广西边防大臣,安徽、广东按察使,京汉铁路南段总办,湖南布政使等。他参与过戊戌变法和立宪运动,出任过预备立宪公会会长,还参加了上海商务印书馆、上海储蓄银行的创建以及推动新式教育等重大历史政治、经济和文化事件。辛亥革命后,他作为清朝遗老担任了溥仪的内务大臣与顾问,致力于溥仪复辟。1931年"满洲事变"之后,郑孝胥劝说溥仪前往满洲,与日本达成了建立"满洲国"的协议,还负责起草了"满洲国"国歌和建国宣言。"满洲国"成立后,郑孝胥出任总理兼陆军大臣、文教部长。他与日本关东军代表签定了日满议定书,

承认日本在"满洲国"的特殊地位与驻军权,由此他也落下了大汉奸的骂名,为士林所不齿。郑孝胥后来因反对日本对"满洲国"的压制于1935年5月失势。1938年郑孝胥在长春过世,终年78岁,传言他是被毒杀的。

郑孝胥留下了著名的政治预言"三共论",即"大清亡于共和,共和将亡于共产,共产则必然亡于共管",这个预言日后与他齐名。

郑孝胥还是书法大家。与其毁誉相参的从政经历不同,世人对他的书法交口称赞。郑孝胥工于楷书,将楷书和隶书相融,取碑、帖之长,自成一家,形成了以楷书和行书见长的独特书体风格。他的楷书以唐楷为根基,初从颜真卿、柳公权、欧阳询等诸家笔意,点画工整,结构严谨。后来,参入六朝碑刻之法以增强其楷体的骨力。在字形结构上,他创新求变,将魏碑的扁势拉长为纵势,把魏碑的剑拔弩张、呆板可畏之势变成了刚柔相济、稳健飘逸之姿。虽然他的楷书吸收了碑版书法厚重、生拙、大气的特点,但他早年官场馆阁体的习惯已根深蒂固,因此他的楷书一直保留着工整精丽、匀称洁净的风格。

据历史记载,郑孝胥以清朝遗老自居时曾在上海题"海藏楼"寓居,鬻字养生。他每字须白银十两且从不打折,更无酬宾优惠,以此年入就达两万金。同期知名的写手沈曾植、李瑞清、曾熙等皆自叹不如,可见郑孝胥书法的市场认同度非常之高。

20世纪书坛泰斗沙孟海在《近三百年的书学》中评价郑孝胥的书法:"可以矫正赵之谦的飘泛,陶睿宣的板滞和李瑞清的颤笔的弊端的,只有郑孝胥了。他的早年是写颜字苏字出身的,晚年才写六朝字,他的笔力很坚挺,有一种清刚之气。对于诸碑,略近《李超墓志》,又像几种'冷唐碑',但不见的就是他致力的所在。最稀奇的是:他的

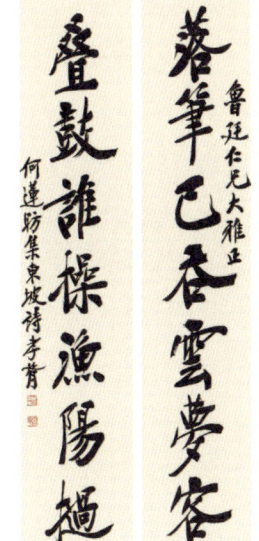

郑孝胥书法

作品既有精悍之色,又有松秀之趣,最像他的诗,于冲夷之中,带有激宕之气。"得到这样的高度评价,郑孝胥在近代书坛应占有重要一席。

郑孝胥与交通银行有半生之缘,结缘最紧密的两件事是他担任京汉铁路南段总办和题写交通银行汉字书法行名。交通银行设立的初衷就是赎回京汉铁路经营权和经管轮、路、电、邮四政收支,而作为交通银行初期业务的积极参与和贡献者,郑孝胥为交通银行题写了汉字书法行名以及钞券中的汉字,这些成为了交通银行不朽的文化资产,相随百年而日久弥香,日益增值。

端详郑孝胥所书的"交通银行"行名,字体端庄、古拙、洒脱,是郑孝胥书法力作。这四个特色凸现的汉字,紧炼方折,肃穆典雅,险绝纵逸,规范中奇姿流美,无论是出现在交通银行门楣之上,还是置于交通银行的钞券和票据之中,都是那么力足丰润,大气和谐。

郑孝胥题写的交通银行汉字招牌

郑孝胥,题写交通银行行名的历史人物,为政为书特色鲜明,千秋功罪自有评说。单就其为交通银行书写题字这件事,交通银行史册中应有一笔交代,后人当谨以铭记!

第四节
定位交通好前程——交通及交通系与交通银行

定位交通给交通银行开辟了美好前程。交通是人类文明发展的先行车，也是文明程度的度量衡。生来与交通结缘的交通银行，历经晚清、民国和新中国，跨越三种社会制度的历史变迁，终于成为中国现存最老的银行，100多年"名姓未改"，举世罕见。

交通银行在命途多舛的100多年里，历经晚清、民国和新中国，跨越三种社会制度的历史变迁。世事多变，适者而存。为了生存，交通银行也多有"变身"，与时俱进寻觅生存发展的空间。但是，交通银行未更名，未改姓，称谓一直没有改变，这在中外银行界是罕见的。那么，交通银行的名称到底缘何而起，它与"交通"又有什么历史渊源呢？

交通银行称谓的历史缘由主要来自以下四个方面：

一、交通银行乃清朝邮传部奏请成立，大清邮传部命名交通银行。1907年大清邮传部在奏请设立交通银行的奏文中陈述："臣部所管轮、路、电、邮四政，总以振兴实业，挽回利权为宗旨，设立银行，官商合办，名曰交通银行。" 大清邮传部要设立自己的结算银行，命名为"交通银行"。取"交通"为名，是希望以这个银行为枢纽，使其所管的轮、路、电、邮四政互为交通，进而交叉贯通，发达兴旺。

二、组建交通银行的主要目的都与交通相关。交通银行设立时为其设定的职能主要有四个：第一，经办募债赎回铁路经营权；第二，绾合经管轮、路、电、邮四政收支，"绾合"就是牵线、撮合和联结；第三，办理国外汇兑；第四，辅助统一币制。前两项任务，其字面上的内容就直接与交通相关，第三和第四项是在办理前面两项业务时要搭车同步行使的业务职能。

三、交通银行只在交通发达的地区设立机构，立足于经济繁华地带是传统。起初交通银行只在铁路通达之地设立分支行，后来逐步向铁路、航运交通发达的境内外拓展。交通银行是中国最早在海外设立机构的银行。这些都是由交通银行围绕"交通"和服务"交通"的客观要求和自身特色所决定的。

四、交通银行续延了"原始交通"的血脉。1954年以交通银行原有班底组建了中国人民建设银行，1958年交通银行内地业务并入中国人民银行和中国人民建设银行，之后内地没有交通银行了。但是，在香港的交通银行一直正常营业，海外一脉孤悬存续着交通银行的名号。1986年国务院决定组建国内第一家商业银行，启用和恢复交通银行称谓，正是鉴于交通银行有悠久的历史影响、国际声誉和总管理架构尚存等原因。

交通银行还与中国近代史上蜚声内外的"交通系"有着重要的历

第一篇 老世故——叫好长寿的交通银行

早期的交通银行印鉴

史渊源，一直是交通系"财阀舰队"中的旗舰，交通银行仰仗交通系，屡担重任，多建奇功！

"交通系"是北洋政府时期国内显赫的金融财团和政治派系。"交通系"在国内以北洋政府政治势力为庇护，在国外以英、日帝国主义作后援。"交通系"在掌握着中国铁路、航运、电讯、邮政等实业领导权的同时，还控制着交通银行、金城银行、中华汇业银行、盐业银行，正丰煤矿、中兴煤矿、北票煤矿、六河沟煤矿、龙烟铁矿、戊通航业公司等大银行、大企业。"交通系"里的要员多发家于交通行业，掌控着国家经济命脉。"交通系"与"北洋军"文武合璧，成为北洋政府军阀统治的两大支柱。

"交通系"首领梁士诒（1869—1933）以掌握交通大权起家，一生与交通银行结缘。前清时他担任大清邮传部京汉、沪宁、正太、汴洛、道清五条铁路的提调和铁路总局局长，人称"五路财神"。1908年交通银行成立时他是清廷旨派的帮理，是交通银行的组建者和赎回京汉铁路经营权的参与者。早年梁士诒做过袁世凯的幕僚，与袁关系甚密，1911年袁世凯组阁北洋政府时梁士诒被任命为邮传部大臣，兼任总统府秘书长,人称"二总统"。1912年交通银行股东会推梁士诒为总理,他成为交通银行的掌门人,人称"梁大财神"。梁士诒到任不久交通银行就获得了发行货币和代理国库的特权,名为商业银行,实则国家银行。1918年,袁世凯死后出逃的梁士诒回国,受皖系军阀起用出任安福国会参议院议长,兼任交通银行董事长。1925年,直奉战争爆发后逃往日本的梁士诒再次回国,任北洋政府财政善后委员会委员长、宪法起草委员会主席委员和交通银行总理,重掌交通银行。1928年,梁士诒因反对北阀被国民政府通缉而第三次外逃,期间一直心系交通银行,关注交通银行的重大举措。1933年4月,梁士诒病死于上海。

"交通系"首领梁士诒

"新交通系"首领曹汝霖

1916年,在"交通系"内部又形成了以曹汝霖(1877—1966)为首的"新交通系"。曹汝霖在北洋政府中任交通、财政和外交三个总长,又兼任交通银行总理,是"交通系"掌管交通银行的又一著名掌门人。梁士诒的"旧交通系"在经济上主要是发展现代实业生财聚财,形成北洋政府的经济支柱。曹汝霖的"新交通系"则主要是向外国大宗借款,支撑北洋政府军费和经济开支。其借款的对象主要是日本,经办借款的事宜大都通过其控制的交通银行,对外借款中对近代中国政治和经济影响最大的就是来自日本的"西原借款"。通过这一借款,日本攫取了在华的一系列特权,还曾要求吞并交通银行。亲日的"新交通系"让中国蒙羞,其首脑人物曹汝霖也成了"卖国贼"。1919年五四运动爆发,运动中"外抗强权、内除国贼"口号里第一号国贼就是曹汝霖。参加五四运动的学生围困了曹汝霖在北京的住宅,并放火将之焚毁。1919年6月,北洋政府迫于国内形势,下令罢免了曹汝霖"新交通系"首脑的职务,"新交通系"从此走向衰落。1927年南京国民政府成立以后,"交通系"逐渐敛迹。

100多年前立足交通的交通银行,主业定位是围绕交通并服务于交通。这个交通是大交通,包含交通、邮政和通讯三大方面。这与当今中国国家行政管理机构改革,组建交通部大交通合署架构,整合交通、邮政和通讯三大行业的大交通格局又是完全吻合的,历史再现似乎并不偶然。

交通是人类文明发展的先行车,也是文明程度的度量衡。定位交通为交通银行开辟了美好广阔的发展前景。今天,面对残酷的金融竞争形势,苦苦追求个性化特色服务的商业银行,在行业转型和历史挑战关口,是否也可以借鉴老交通银行的历史定位和服务特色呢?!

第五节
钟情火车好形象——火车铁路与交通银行

为了赎回铁路经营权并绾合"四政"收支而成立的交通银行,钟情火车铁路,行徽是火车头构图,史上被称为"火车头银行",发行的钞券称为"火车头票子"。交通银行这列风驰电掣的列车牵引了近代中国民族经济权利的主张,也牵引了自身浩荡辉煌的百年历史。

早年的交通银行被称为"火车头银行",发行的钞券被称为"火车头票子"。这是因为早期交通银行的行徽就是一个火车头,而交通银行发行的钞票大多都有火车和铁路的图案。在相当长的一个历史时期,火车、铁路与交通银行紧密相联,成为交通银行的形象标识。

交通银行老行徽

第一篇 老世故——叫好长寿的交通银行

 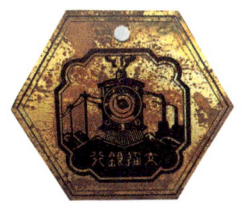 

带有交通银行老行徽的宣传牌、号牌和徽章

交通银行是为了赎回铁路经营权,绾合轮、路、邮、电四政收支而成立的,生来就与铁路结缘,它钟情火车、铁路是理所当然的事情。然而,火车和铁路是舶来品,清朝政府认识和接受它们还有一个曲折过程,对待铁路的态度也经历了一个从全面排斥到合力兴办的过程,这才促成了交通银行的诞生和发展。

18世纪初,英国诞生了使用蒸汽机的火车,这一发明推动了工业革命,加速了人类文明进程。1839年,林则徐在编译的《四洲志》中介绍了国外铁路和火车的先进威力。但是,清朝政府拒不接受,反对在中国修建铁路。1874年,在中国上海的英商怡和洋行建成了从上海到吴淞的淞沪铁路,中国才有了第一条营业性铁路。但是,清朝政府忧虑在这条铁路上行驶的火车惊扰了山川神灵,进而祸及生灵,硬是用28.5万两白银买下了这段铁路并进行了拆除。

清朝后期,洋务运动兴起,大批工矿企业发展都迫切需要铁路运输支持。1881年11月,唐山开平矿务局为了降低运煤成本,修建了从唐山到胥各庄的唐胥铁路,这条总长不过10公里的铁路成了近代历史上中国第一条自办的铁路。然而,为了避免破坏大清的龙脉风水,开平矿务局保证不行驶机车,只用骡马拖行铁轨上的车厢。1887年,随着开平煤矿产量的增加,运输和产量的矛盾逼迫将唐胥铁路展修至

芦台。1888年,为了巩固大沽海防又展修至天津,全路达到了130公里。经过近10年的努力,唐山生产的煤炭可以通过这条铁路直接运到塘沽海口转运各地了。

唐胥铁路资料照片

唐胥铁路太短,淞沪铁路短命,从某种意义上说,津唐铁路才是中国第一条真正意义上的铁路。铁路带来的巨额财富动摇了清朝政府拒建铁路的顽固立场,终于改变了对待铁路的态度。

1889年5月,慈禧太后下诏斥责拒建铁路的顽固官僚"偏执成见,不达时务",宣布修建铁路为自强要策,应当毅然交办,统筹全局,次第推行。至此,清朝政府彻底转变了之前顽固反对修建铁路的态度。甲午战败,《马关条约》的签订使清朝政府的统治出现空前危机,光绪皇帝又把建设铁路列为"力行实政"救亡图存之首,之后中国的铁路建设进入了"大办"阶段。到1911年清政府垮台时,全国的铁路(含台湾省）由甲午战争前的490公里增加到了9100公里。

　　清政府看到修建铁路带来的巨大经济利益后认为，"凡百生利，莫如铁路之速"，于是铁路建设就成为晚清经济领域中投资规模最大的产业，也是当时唯一能获得大量财政支持和有利可图的事业。但是，经营铁路，清政府却经历了"合股官办、商办和收归国有"三个阶段艰辛的历程。

　　最早是合股官办，这种向外国借款修路的方式，同时要将铁路这一经济命脉的管理权、人事权、稽核权、购料权等拱手让给外国人，这让晚清朝野深感忧虑与不安。之后，在1903年由张之洞从美国人手里赎回粤汉铁路建造权开始，进入了商办的阶段。然而商办铁路资金短缺、管理缺失、经营不善、监督不力等诸多弊端显现，使铁路建设速度十分缓滞。于是，在经过铁路经营权收归国有尝试成功以后，1911年5月9日，清政府宣布，全国铁路干路经营权收归国有，所有以前由各省份设公司商办的干路经营权全部被国家收回。

　　"收铁路"国策的实施需要有经办部门，经办部门落实"收铁路"国策需要有真金白银。于是清政府把"收铁路"的重任交给了朝廷主管铁路的邮传部，而邮传部提出了创办银行募款赎路的办法。随即奏请成立"赎回路权，绾合轮、路、邮、电四政收支"的交通银行，此举迅速得到清廷恩准并得到大力支持。

　　交通银行成立后做的第一件事就是筹款赎回京汉铁路经营权。挟慈禧和光绪的皇威，仗"铁路收归国有"的国策，靠大清邮传部"招募公债、挪借款项、提集存款、另借新债"的操作方略，交通银行出手敏捷、干净漂亮地在开业的当年就圆满地完成了这个历史使命。1908年12月，在偿清了京汉铁路建设用款本息等共计22740万法郎，

约合银元9000万元后,交通银行成功收回了这条建设周期达9年之久、干支线长度1311.4公里、贯穿中国南北腹地的经济大动脉的经营权。交通银行首战获胜,实现了开门大捷,也为中国振兴民族经济树立了里程碑。

京汉铁路上行驶的火车

交通银行成立后,有长达33年的钞券发行史,总共发行了25个版别100余种基本钞券。其中,印有火车和铁路图案的钞券占了近6成,多达67种。这些广泛流通的钞券,把火车铁路与交通银行紧密联系在一起。看到火车和铁路,人们自然想到了交通银行,这一时期也是交通银行引以自豪的"火车头时代"。交通银行这列动力十足、风驰电掣的火车一路向前,牵引了近代中国民族经济权利的主张,也牵引了交通银行浩荡辉煌的百年历史。

带有火车铁路图案的交通银行钞票

第六节
装束入时好行头——交通银行的守门狮和罗马柱

看装束可以评判性格、身份、价值趋向，甚至是追求和信仰。"官商"交通银行毅然收起"黄马褂"，换上"洋装"，是改良"皇家血统"的表示和决心，是要与列强征战的"胡服射骑"，是容入国际金融大市场的态度，是经营理念的变化和发展！

在文明社会，人们讲究穿衣打扮，看装束可以评判一个人的性格、身份、价值趋向，甚至是追求和信仰。交通银行的"装束"就很有特色，很是讲究，很是入时。观历史发展中交通银行的外观形象，守门石狮的演变和西式建筑中的罗马柱子都给人以深刻印象，也映射出交通银行经营理念的变化和发展。

域外泊来的狮子融入华夏文明并演化成守卫瑞兽经过了漫长历程。据《后汉书西域传》记载，"章帝章和元年，遣使献师（狮）子"。诠释是，"公元87年，西亚的安息国向汉章帝刘桓进献了狮子"。这是狮子首次来到中国。汉代佛教传入中国并开始盛行，佛家说，佛祖释迦牟尼降生时一手指天一手指地作狮子吼："天上地下，惟我独尊"。于是狮子在中国开始走运，成为高贵、尊严、吉祥、神灵的瑞兽。起先狮子唯皇家享有，后来上行下效，成为官衙、寺庙、官宦权贵府宅的尊品。唐宋之后，狮子成为中国民俗中的守卫兽，再后来成为中国传统建筑中的文化装饰。

按照东方审美观,经过千百年的琢磨,勇猛强劲、盛气凌人的东方中国石狮定式形象成型了。中国石狮立蹲方座之上,铜铃圆眼,鼻阔口方,鬃毛云结,匀称有序;掌前利爪凸露更显凶猛;周身圆钉、铜铃、璎珞装饰,雍容华贵。

北京故宫里的石狮

中国古代石狮还是尊卑权贵的标示,其雕饰、摆放和使用都有规矩。首先是按地位设置,皇家石狮级别最高,从头至背有13个鬃结,称为"十三太保"。然后逐级递减,减一级少一个鬃结,五品官阶以下禁用石狮,后来至七品。其次,须成对摆设,雌雄搭配,阴阳平衡。大门外左侧置雄狮,张口含珠,右掌下压一绣球,俗称"狮子滚绣球",为统一寰宇和无上权力之意;大门外右侧置闭嘴雌狮,左掌抚一幼狮,俗称"太狮少狮",寓意子孙昌盛。雌雄两狮侧首呼应,互为犄角,守护大门,平衡和谐。坊间还有一种说法是,守门狮在念佛号,张口为"阿",闭口为"弥"。另外,狮子身下盘座的图饰也有定式,正面是莲花梅瓶和三把戟,寓意"连升三级或平升三级";右面是牡丹松柏,祝福"富贵长春";左面是笔墨纸砚文房四宝,彰显"文采风流";背面刻太极八卦图,用作"镇妖驱魔"。一对守门石狮满载国学理念和华夏文明。

　　交通银行是太后和皇帝御准的官商,掌门人是钦定的高管,首任大掌门的官职是"衔三品二品顶戴",还直接受承揽朝廷重权的大清邮传部辖制。所以,交通银行面世时的"装扮"顺理成章地带有皇权的威仪和官家的气派。交通银行开业时入驻北京前门西河沿街9号,是座中西合璧的建筑。虽然交通银行是仿照西洋银行成立的商业银行,但是当时从装束上看不到"商气",给人印象最深的是"官气"。那时,交通银行的两扇朱漆大门,都是九路门钉,每扇门横九路竖九路,有九九八十一颗钉。九是阳数之极,象征帝王至高的地位,九路门钉只有皇家建筑才能使用。交通银行门前的石狮也完全是中国制式,与皇宫里的石狮同出一门,狮身上的鬃结也与官商职级地位相配。此时,交通银行的装束也令人思量,虽然大清邮传部奏请成立的是"一切经营悉照各国普通银行办法"、"与中央银行性质截然不同"的银行,虽然交通银行自身也有"以夷制夷"和"在商言商"的主观和懵懂,但是从其"穿着"来看,应该是官商豪门。

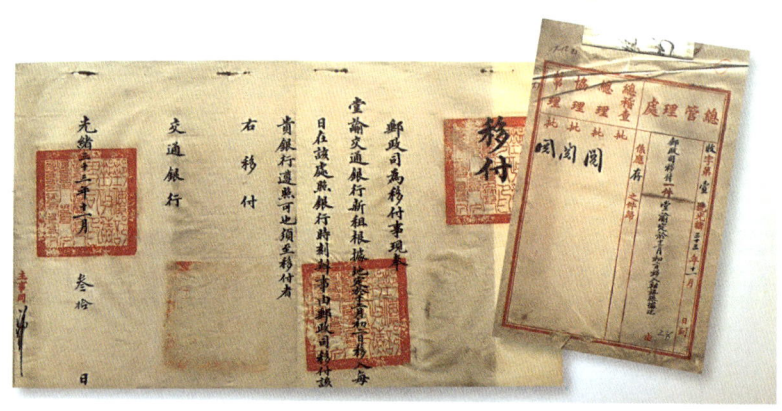

大清邮传部关于交通银行成立时入驻北京西河沿街办公的札件

第一篇 老世故——叫好长寿的交通银行

北京前门西河沿街9号的交通银行旧址

市场锤炼商家，商战转变观念。十几年过去，交通银行的装扮发生了巨变，全盘西化了。以广东、汉口、南京和青岛分行等新建网点为代表，交通银行有了规范的新形象，共同特点就是西洋建筑，都是柱式罗马建筑，都有罗马西洋立柱、西洋守门石狮。其中一些引以自豪的典型建筑还印上了交通银行发行的钞券。交通银行的这一新扮相是其追求现代市场，崇拜业界先贤，坚定绾合轮、路、邮、电四政收支业务信念的直接体现。

交通银行老建筑局部和门前的石狮

西洋石狮和中国石狮的表面作用都是守卫装饰,都是两头,都是一头开口一头闭嘴,但内涵却大相径庭。西洋石狮两头都是雄狮,门外左侧的闭嘴,右侧的张口,与中国石狮相反。西洋石狮写实逼真,视之不寒而栗。在西方,门前摆放石狮的首创者是1865年开业的香港上海汇丰银行。两头石狮是该行鼻祖级悍将的化身,张口吼叫的是代表斯蒂芬(A.G. Stephen),斯蒂芬是香港分行总经理,铸造和设置狮子也由他提议;闭嘴前视的是代表斯蒂特(G.H. Stitt),斯蒂特是上海分行总经理。他们二位的开拓能力和经营业绩都非常了得,让人敬畏。坊间认为张口为招财,闭嘴是守财。但是,考虑到汇丰银行因款项汇出汇入丰盈而得名"汇丰"的缘由,用银行的术语描述"开口和闭嘴"应是"出、纳"之意,现在汇丰银行发行的港币上两头雄狮仍在。据说,西方银行网点落成,安置门前雄狮都须在太阳升起的早晨,按照传统两头雄狮须同时到位,届时银行的高管须全部到场,表示对先贤的崇拜和敬仰,祈福银行平安昌盛。

香港上海汇丰银行旧址、新址建筑

第一篇 老世故——叫好长寿的交通银行

原香港上海汇丰银行旧址大楼门前的守门狮子及港币上的狮子

交通银行特立的罗马柱也是洋为中用、彰显特色的标示。除了建筑和装饰作用，其设计用意是，交通银行以绾合轮、路、邮、电四政起家立行，"四政"业务是交通银行的基础和顶梁柱。按照国学的理念，这"四根柱子"还应有四平八稳规避风险、承揽东西南北四方财富、名扬四海留美誉等寓意。

交通银行南京分行旧址（新街口中山东路1号）

交通银行青岛分行旧址（建于1929年）　　交通银行汉口分行旧址

35

1931年交通银行青岛分行大楼落成时全体行员屋前合影

1947年2月交通银行南京下关支行大楼落成时全体行员屋前合影

第一篇 老世故——叫好长寿的交通银行

交通银行发行钞票上的汉口分行

交通银行发行钞票上的广东分行

"官商"交通银行毅然收起"黄马褂"换上了"洋装",是改良"皇家血统"的表示和决心,是"胡服射骑"要与列强征战,是表明其容入国际金融大市场随行就市的态度……这时的交通银行,正处于其历史上极为兴盛的时期之一,已经成为当时中国金融体系中举足轻重的支柱银行。

第七节
官商合股好投资——交通银行股权构成及行业历史地位

"官商合股"让交通银行占天时,得地利,聚人和,财源广进,快速壮大。这种股权构成与时下国有银行股权"混改"极其相似,有利于改善国有商业银行"血统",增强"造血"功能,促进业务发展!

封建时期的中国是个皇权高于神权的国家,官权压制法理,经济权益也多要服从于统治权力,官本位根深蒂固。在旧中国经商办实业,须顺从官方意志并得其庇佑,如果再有官府直接参与和辅佐,成功就有了把握。"商无官不安,商无官不富"是对旧中国官商经济最好的诠释。然而,在旧中国官商兼职的人又大多难以长久,往往不得善终。例如,清代红顶官商胡雪岩、盛宣怀,还有朝廷钦定的交通银行首任掌门人李鸿章的侄子李经楚,他们都落了个悲催的结局。这一现象表面上看是个人难以维系官、商二者利益的长期平衡,实际上问题是出在资本上面。掌管经营资本的人大多"用公家的牛,犁自家的田",假公济私,盈利归自己,风险公家担,一旦出现纠结,脱不了干系,表白不清,没有形成官商合股共营的共同利益体。交通银行是"官商合办","一切经营悉照各国普通商业银行办法","与中央银行性质截然不同"（邮传部奏文语）。"官商合办"体现在合资经营，用合股投资把官和商连在一起，形成官商共同利益体。这种官商强强联合的股本结构夯实了银行发展基础，对经营业绩也有一定保证。

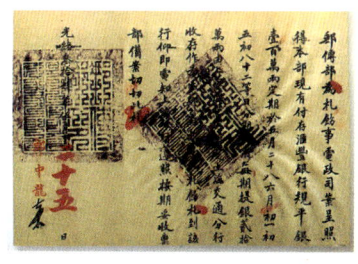
大清邮传部将原存于汇丰银行的平银转存交通银行的札件

交通银行早期的印章

交通银行原始注册资本额定为库平银500万两，分为5万股，每股100两。募股比例为官股4成商股6成，计划分4次收足。其中，官股由大清邮传部认购，商股卖给国内官绅商民，同股同息，年息6厘。交通银行募股时，人们认购踊跃，超定额数倍，大清邮传部遂奏准扩充股本额定到1000万两，官商持股比例不变，把原来4次缴纳改成了均分2次缴足，顺利完成了首次募股。之后，交通银行额定股本和股权结构随经营形势多有变化，但是"官商合股"的资本构成始终未变。

交通银行的股权结构从首次合资到位的1908年到1949年，期间共有8个形态（见表）。虽然官、商持股比例主次前后不同，但实际上一直是以"官"为主，官方经营决策，官方委派高官，官方承揽业务，官方根据需求增减持股比例。初始时交通银行官股纯是由大清邮传部拨款，商股则大都来自官僚和金融企业界人士，官僚中又以"交通系"要员为主，如梁士诒、施肇曾、曹汝霖等，其中有的还受官方委派担

任交通银行的高管。金融企业界持有交通银行的股份比较分散,早期参股的有李经楚、周克昌等,其中也多有在交通银行高就,李经楚就是交通银行首任掌门。以后金城、大陆、盐业和中国实业银行等因抵偿欠款而持股,成为交通银行商股中的大股东。津浦和平绥铁路局,清华基金等知名企业和机构也都曾出现在交通银行商股股东名册之中。

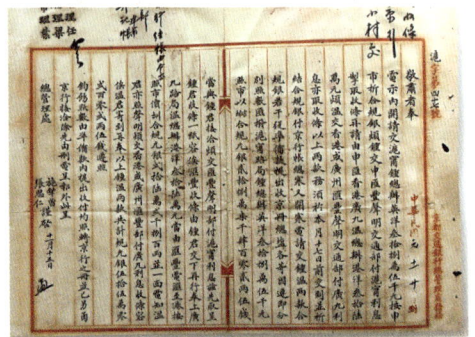

1912年施肇曾等呈送交通银行总管理处的报告

交通银行早期的印章

交通银行股权结构形态表(1908—1949)

年 份	额定股本	实收股本	官 股		商 股	
			实收股本	占比(%)	实收股本	占比(%)
宣统二年	1000万两	500万两	200万两	40	300万两	60
民国七年	1000万两	450万两	150万两	33.33	300万两	66.67
民国十年	1000万两	435.81万两	150万两	34.42	285.81万两	65.58
民国十一年	2000万元	771.51万元	225万元	29.16	546.51万元	70.84
民国十七年	1000万元	871.51万元	178万元	20.42	693.51万元	79.58
民国二十四年	2000万元	1893.51万元	1200万元	63.37	693.51万元	36.63
民国二十五年	2000万元	2000万元	1200万元	60.00	800.00万元	40.00
民国三十二年	6000万元	6000万元	5200万元	86.67	800.00万元	13.33

注:民国十一年改股本计账单位,由银两改为银元,银一两折合银元一元五角。

第一篇 老世故——叫好长寿的交通银行

"官商合股"让交通银行占天时,得地利,聚人和,财源广进,快速发展壮大。

交通银行是慈禧太后和光绪皇上御准的银行。遵照"绾合轮、路、电、邮四政,收回利权为主旨",交通银行承揽了清政府兴办现代实业的主要银行业务。交通银行依靠政策倾斜优势,借鉴国际商业银行经营管理经验,迅速抢占海内外市场,完成了在国内外经济发达区域的网点布局,成为中国最早在海外设立分支机构的银行。

在北洋政府时期,交通银行按照北洋政府呈颁的《交通银行则例》,不仅经管轮、路、电、邮四政款项,还拥有"受政府之委托经理国库"和"受政府之特许,发行兑换券"等特权,在国内银行业激烈竞争中脱颖而出,增扩了资本金,增强了实力,成为具有国家银行性质的银行,成为北洋政府两大金融支柱银行之一。

1936年交通银行颁发的股票

在南京国民政府时期，交通银行通过增加官股和增设官股董事两次重大改组，成为国民政府金融体系中的重要角色。交通银行按照政府旨意接收了浙江兴业、中国垦业、中国实业等7家银行的发行业务及其准备金。交通银行是南京国民政府实行币制改革时四个法币发钞行之一。南京国民政府颁发的《交通银行条例》，特许交通银行为"发展全国实业之银行"。期间交通银行占据官商合办银行第二的宝座，是南京国民政府"四行两局"（中央银行、中国银行、交通银行、中国农民银行、中央信托局、邮政储金汇业局）金融体系中举足轻重的成员。

任何事物都有其两面性，"官商合股"中违背金融经济规律的官方意志也曾让交通银行吃了大亏，危及性命。发生在民国六年和民国十一年的停兑挤兑风潮就让交通银行元气大伤。"官商合股"也让交通银行真正走上商业银行的发展道路更加曲折漫长！

交通银行"官商合办"的股权构成，与时下国有商业银行股权"混改"，吸收社会优良资本入股银行，使国有商业银行资本构成多元化的做法是极其相似的，这种股权构成对于改善国有商业银行"血统"，增强"造血"功能，促进银行业务发展是非常有益的！

第八节
首战大捷好身手——京汉铁路与交通银行

交通银行开业当年即成功筹款收回了京汉铁路经营权,取得首战大捷,用实绩树立了市场形象,奠定了业务基础。筹款中遵循市场规则,未留一丝后患,实属罕见。筹款成功收回京汉铁路经营权,树立了振兴民族经济的里程碑,是中国近代金融经济的成功范例。

交通银行史料记载,"本行之设,以募集公债赎回京汉铁路为主,因而经营轮、路、电、邮四政收支"。也就是说,当初交通银行设立的主要目的是要募集公债赎回京汉铁路经营权。有的史料还称,"为了赎回京汉铁路成立了交通银行"。正如这些史料所述,交通银行成立后打的第一场商战就是筹款赎回京汉铁路经营权,这一仗打得迅猛、干净、漂亮,大获全胜。1908年3月交通银行开业,当年12月就偿清了京汉铁路建设借款本息等共计22740万法郎,约合银元9000万元,成功赎回了这条建设周期达9年之久,干支线全长1300多公里,贯穿中国南北腹地的铁路。交通银行旗开得胜,首战大捷,用实绩树立了闪亮的形象,奠定了经营轮、路、电、邮四政收支结算以及其他银行业务的基础。

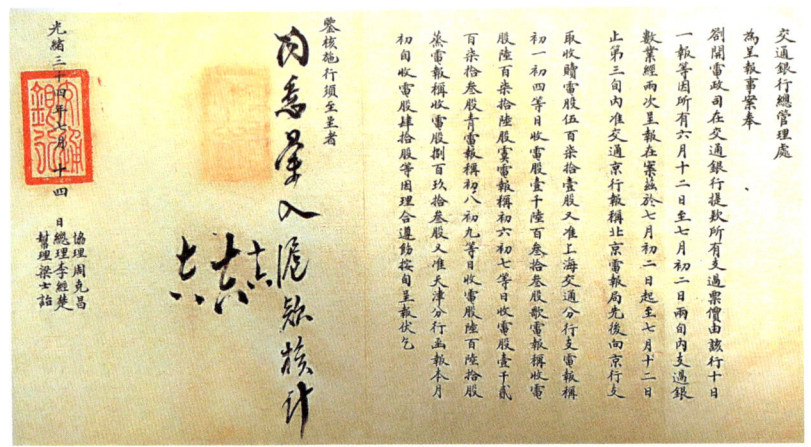

交通银行受托支付收回电报商股的报告

特别值得称道的是，交通银行在筹款赎回京汉铁路经营权的运作过程中，完全遵循市场规则，没有"屈尊"于任何不平等条件。即使向称霸市场的竞争对手英国汇丰银行和法国汇理银行借款，也是不卑不亢，平等交易，未留后患。这在晚清国力羸弱、政治腐败，动辄倍受欺凌屈辱的时代是难能可贵、极为罕见的。交通银行成功赎回京汉铁路经营权，为振兴民族经济树立了里程碑，也为研究中国近代金融经济提供了成功范例。

甲午战败后，清政府

老北京火车站

京汉铁路上行驶的火车

提出了救亡图存的六项"力行实政",认为"凡百生利,莫如铁路之速",把建设铁路列为首要任务。清朝修铁路的资金原来打算实行"官督商办",向国内富商集资,然而对待信誉扫地的政府,商贾的态度都是"各怀观望",无人问津。不得已,清政府决定举借外债修建京汉铁路。清政府要借款筑路的消息一传出,美、英、法等列强立即登门竞相兜揽。清政府思量再三,最后决定弃大择小,向比利时借款。考量向比利时这个小国借款,除了比利时钢铁资源丰富、铁路技术成熟的原因外,清政府主要是认为它"于中国无大志",对中国没有野心。实际上,当时比利时还代表了俄国和法国的金融资本。

1898年6月,《卢汉铁路比国借款续订详细合同》和《卢汉铁路行车合同》正式签订,清政府向比利时借款450万英镑(112.5万法郎)(年息5厘,9折付款,期限30年)。合同规定:筑路工程由比利时派人监造;所需材料除中国汉阳铁工厂供应外,都由比利时承办并予免税;借款期间一切行车管理权均归比利时。这些规定不仅使中国完全丧失了铁路主权,蒙受巨大经济利益损害,也为以后国际列强通过债款掠夺中国铁路经营权开了一个极其恶劣的先例。

汉口大智门火车站

1906年4月1日，连接北京至汉口全长1214.5公里的京汉铁路验收通车，同时将"卢汉铁路"改称"京汉铁路"，这条铁路加支线共计1311.4公里，建设工期9年整。京汉铁路促进了沿线经济繁荣，大大改善了中国腹地的经济环境。然而，因为路权旁落，铁路带来的财富不断流失，中国上下收回铁路经营权的呼声日益强烈。1911年5月9日，清政府宣布，全国铁路干路收归国有。"收铁路"的任务交由主管铁路的大清邮传部，邮传部奏请成立交通银行募集赎路款，于是交通银行快速成立了。接着，交通银行按照大清邮传部"招募公债、挪借款项、提集存款、另借新债"四大韬略开始迅速募集赎路款。

万事开头难，交通银行迈出的第一步也充满了艰辛。交通银行开

第一篇 老世故——叫好长寿的交通银行

力推修建京汉铁路的张之洞于1903年走下火车时官员迎接的场面

业半年多，只募集到赎回京汉铁路款的四分之一。恰在此时，比利时又开始发难了，声称如果不能及时付款，他们将把京汉铁路的管理权延续到30年。无奈，交通银行又运作向英国汇丰银行和法国汇理银行借款，创下了中国利权没有受到损害的前提下成功对外借款的第一范例。之后，加上清政府的部分出资，交通银行募足了赎路款，圆满完成了收回京汉铁路经营权的历史创举。

成功收回京汉铁路经营权，让中国朝野上下一片欢腾，同时也极大地鼓舞了全国人民的爱国热情，交通银行成为当时振兴民族经济的代名词！

交通银行首战大捷，成功赎回京汉铁路经营权是值得深入研究的历史课题。简而言之，至少应该有六个成功缘由：一是得天时，清政府适时推出的"收铁路"国策顺应了历史发展趋势；二是顺人心，"收

利权,赎铁路"是当时中国朝野上下官民的共识;三是"力行实政"的政治意志和"收利权"经济利益在"收铁路"上达到了高度一致;四是按照市场规则行事,清政府一改过去以"丧失权益"换取"得到权益"的做法;五是"收铁路"的领导机构和办事部门得力,在"君主立宪"政权体制改革中,新成立的大清邮传部和仿照国际规则成立的交通银行充满活力,胸怀实业报国的远大志向,拥有一批敬业、精业和兢业的实干人才;六是交通银行是中国仿照西方商业银行新成立的银行,中国的铁路、航运、邮政和电讯资金运作统归其管理,让中外资本看到了光明前景。

首战大捷,一仗成名。交通银行迅速进入角色,攻城掠地,占领市场,成为中国金融界崛起的骨干银行。此后,交通银行受清政府委托,代理开展了收回电报局的业务;经营展开了轮、路、电、邮四政收支业务;在国内,津、沪、汉、粤等分行相继开业;在海外,香港、新加坡、仰光、西贡等分支机构逐步设立。交通银行一跃成为当时国内仅次于清政府的中央银行大清银行的第二大银行。

第九节
挤兑停兑好风险——交通银行历史上的两次重大危机

两次挤兑停兑风潮让交通银行倍受损失，元气大伤。疾患危害健康，同时也考验抵抗力、增强免疫力。一家银行，能从大病中艰难走出来，能在病愈中找出防病和痊愈的方法，一定是活得顽强、健康和长寿的。

商业银行是负债经营模式，即银行一手托两家，一边吸收存款和支付存款利息，一边把存款借出去收取贷款利息，贷款和存款的利息差额是商业银行的主要利润来源，因此承揽存款和发放贷款是商业银行的主要业务。如此，维系银行运作的是信用和风险，银行一方面要用信用招揽客户吸收存款，保证存款的稳定和增长；另一方面要控制风险，保证借给贷款户的贷款安全，及时收回利息和本金。换言之，银行是经营信用和风险的高风险行业。商业银行维护信用和控制风险有一整套严格的行业标准和业内制度，来不得半点马虎和侥幸。

商业银行的信用和风险出现问题时会发生挤兑。挤兑是银行信用风险问题突发、集中和灾难性的危机爆发。挤兑发生时，客户疯狂提取存款，让银行迅速陷入难于支付的困境。产生挤兑的直接原因是银行经营资产质量变差，支付能力降低，严重损害存款人利益。挤兑让

银行的经营陷入混乱、瘫痪,短时间损失巨大,直至迅速破产。挤兑如果不能果断处置和平息,还会诱发国家银行体系崩溃、发生金融危机,乃至影响经济发展、社会稳定和国家安全。

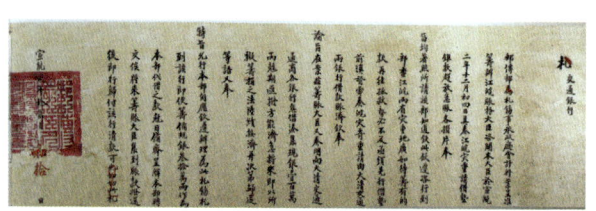 

宣统二年(1910年)交通银行为赈济江皖灾区垫款30万两

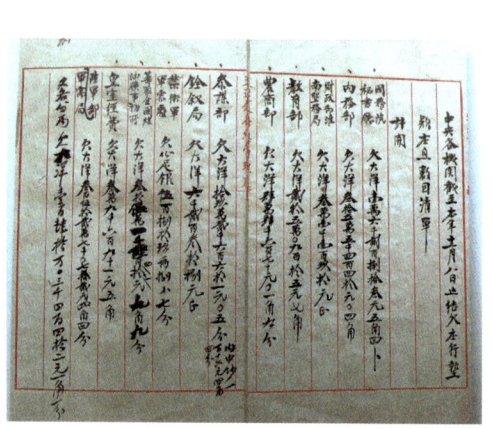 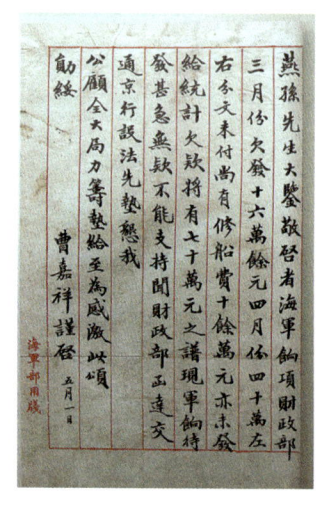

民国时期交通银行为中央机关垫款清单　　民国时期交通银行为海军垫款文札

第一篇 老世故——叫好长寿的交通银行

交通银行历史上曾发生过两次挤兑停兑重大危机，其生成原因是为政府超限额垫款，资产质量下滑，信用缺失，进而促成兑付危机，这对"官商"交通银行来说，正是"成也官府，败也官府"。挤兑停兑风潮让交通银行倍受损失，元气大伤。危机之后，交通银行痛定思痛，着手自强体魄，探索建立风险管控的有效措施，在崎岖的商业银行道路上又向前迈出了一大步。

历史上，清政府、北洋政府和南京国民政府在扶持"官商"交通银行的同时，又视其为"政府钱箱"，每遇财政亏空都要交通银行垫支。交通银行为政府垫款的部门和款项包括财政部、中央机关和军费及赈灾款等。为了应付"官差"，交通银行不得不增发钞券，致使银行备付金一再减少，支付能力一再降低。仅在北洋政府执政的前5年，交通银行就先后为政府财政垫付各种款项达3400多万元，几乎占到交通银行当时全部存款的近8成，由此导致库存空虚，发行基金枯竭。这种违背银行经营法则的"政府行为"严重打乱了交通银行的正常经营秩序，恶化了资产质量，发生挤兑停兑危机是必然的。

1916年，北洋政府军政费用剧增，财政拮据，袁世凯遂令交通银行增发钞券充作军费。时至当年5月，交通银行库存的现金不足1000万元，而发行的钞券已达3682万元。军方因通货膨胀而拒收钞券，又从交通银行提取现洋抵用军饷。当时筹办"帝制"的费用支出等也由交通银行负责，交通银行现金库存几近枯竭。消息传出，国内各地的交通银行相继发生挤兑。而在此时，海关和通讯机构又火上浇油，拒收交通银行钞券，让交通银行陷入支付绝境。无奈之下，北洋政府直接下达了停兑令。停兑引发了社会动荡，怨声载道，物价飞涨，金融市场混乱。半年之后，交通银行开始逐步恢复兑现，但因银行钞券边

兑边发,入不敷出,不久即限制兑现,到1917年6月不得不再度停兑。后来,北洋政府出面与日本寺内首相的私人代表西原龟三达成协议,由交通银行向日本兴业、台湾和朝鲜三家银行借款500万日元,用于恢复兑现。9月,交通银行代政府又借得2000万日元用于弥补开支。这两次借款都被列入了史称"西原借款"的8次公开借款中。当时,1日元等于中国1银元,折合银两1两等于1.5日元。

1921年11月15日,北京交通银行突发挤兑风潮并向外波及扩散。造成这次挤兑的直接原因是北洋政府两次向银行借款垫付警饷480万元、公债基金借款垫付700万元,以及1916年"停兑"后原不兑现钞券调换的存单陆续到期留下的后患。此时,交通银行发行的钞券已达4069万元,而现金库存仅有515万元。京津两地分行发行的钞券有1053万元,现金准备却只有40万元。这样的发行备付状况遇到挤兑危机时只能宣布停兑。

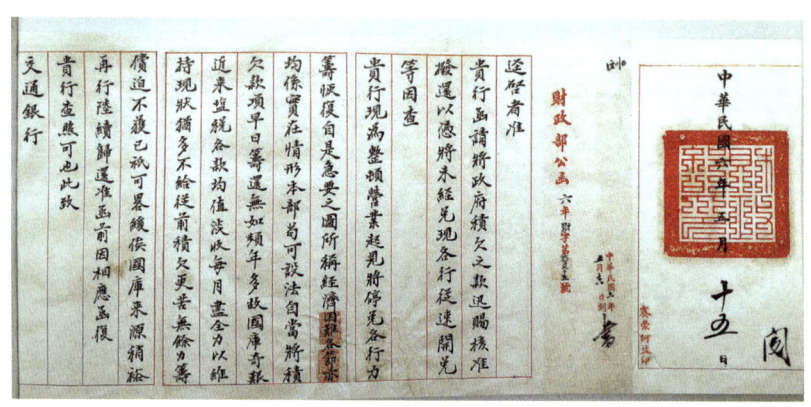

民国六年财政部致函交通银行拨还政府欠款

第一篇 老世故——叫好长寿的交通银行

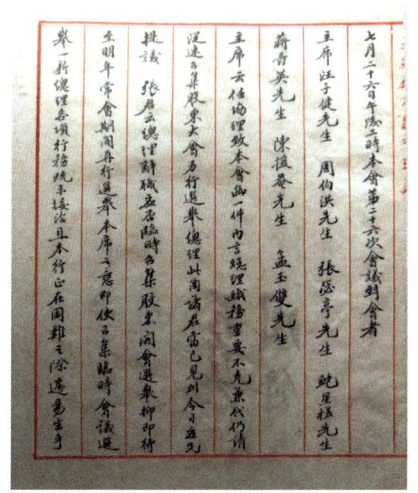
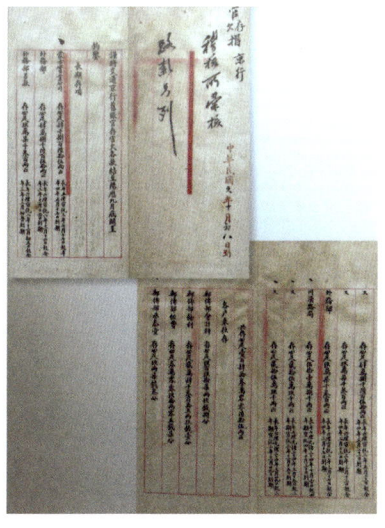

交通银行董事会应对停兑会议记录　　民国元年交通银行北京分行的官方欠账名录

　　交通银行的挤兑停兑危机经多方堵截和疏导终于艰难度过，这两场危机让交通银行实力锐减，信用和信誉大打折扣。其后，经过多年的"整理京钞"，政府垫款矛盾有所缓解，但是如果不从源头革除"政府钱箱"弊端，难保这一"顽疾"不再复发。于是，交通银行开始改革发行制度，推行发行独立，准备公开。交通银行首创了中国银行业"四六准备制"钞券发行备付管理办法，同时试行分区管理制度。这一举措让交通银行和中国银行业在管控风险、推动金融安全健康发展方面向前进了一大步。

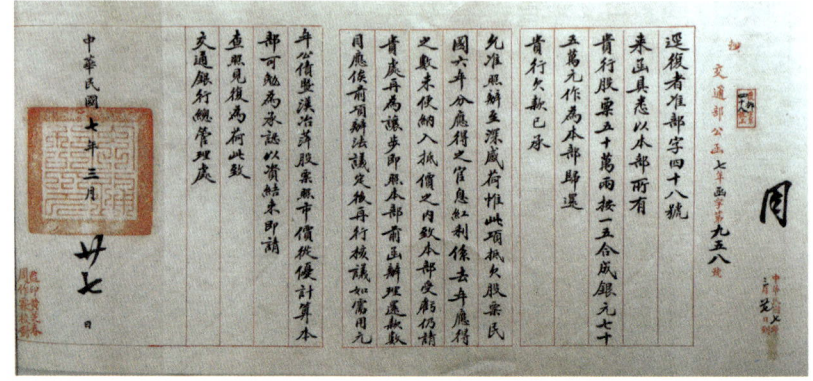

民国七年交通部致函交通银行拟用持有的股份抵还欠款

　　疾患危害健康，削减体能，同时也考验抵抗力，增强免疫力。一家银行，能从大病中走出来，能在治病中总结出防病和痊愈的方法，一定是活得顽强、健康和长寿的。挤兑停兑风潮让交通银行"大病一场"，然而改革发行制度，杜绝挤兑停兑再生，不枉交通银行"一场大病"。

第十节
趋新创新好秉性——交通银行首推银行承兑汇票

趋新创新是交通银行儿时就具备的秉性，让交通银行不畏艰险，攻坚克难，保持了生存的活力，时时焕发出青春的生机。交通银行有了这一秉性，才活得潇洒，才能够成为中国银行界里的第一"寿星"。

趋新创新是交通银行儿时就养成的秉性，崇尚创新是交通银行发展的动力源。正是坚持了这一优良传统，交通银行在被称为"火车头银行"的时代，一直充当着银行中的"火车头"，风驰电掣，冲在了中国近代金融发展的前列。

交通银行的第一个章程就汲取了西方银行的诸多管理方式，提出了"一切经营悉照各国普通商业银行办法"（邮传部奏文）与国际接轨的新式办行思路。

交通银行一成立，汇兑就比大清银行灵活，利率就比外国银行丰厚，开业不到半年资产规模就增大了近3倍。

交通银行按照国际通行规则筹集京汉铁路赎款，成功从英国汇丰银行和法国汇理银行拆借资金，创中国平等对外借款之先河，令业界惊讶和叹服。

交通银行在遭受停兑危机重创后,悟出了"抗击打"的套路,首创了"四六准备制"钞券发行备付管理办法,让中国银行业在有效规避风险、安全健康发展的道路上向前迈进了一大步。

交通银行让中外十几家著名厂商承制钞券,33年发行的百余种钞券个性彰显,质量一流。

交通银行发挥独家经营"轮、路、电、邮"四政收支的优势,擅抓机遇,以商业银行之名行国家银行职能,特色经营和专业经营风声水起!

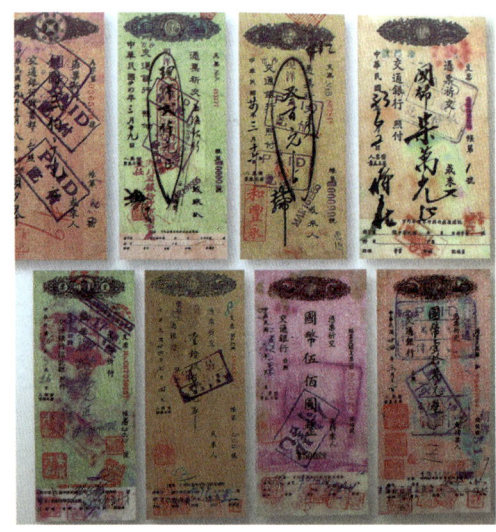
交通银行签发的承兑票据

交通银行登报的广告

第一篇 老世故——叫好长寿的交通银行

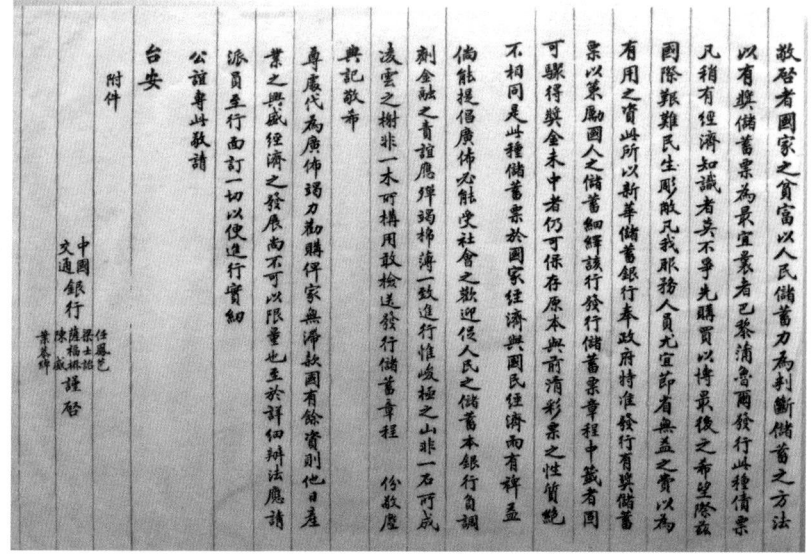

民国初期交通银行发行有奖储蓄的札件

交通银行经营思想前卫,重视以产品创新提升生存发展能力。历史上最具代表性的产品创新的事例就是率先倡导和推行了银行承兑汇票,由此推动中国银行业经营水平上了一个历史性的台阶。

银行是现代经济发展的产物,位居经济核心。早期银行最核心、最基本的业务就是结算支付和融资生利,经营水平主要体现在结算支付和融资生利上面,也直接影响整个社会经济发展。货币的产生与使用提升了商品贸易水平,是人类文明发展的一次飞跃。银行承兑汇票的发明使用,又是一次金融突破,它给现代银行结算支付和融资生利带来了质的变化。在中国,交通银行就是银行承兑汇票这一创新金融产品的开创者和引导者。交通银行结合中国国情,把集结算支付和融资生利为一体的承兑汇票成功推出,为中国银行业发展作出了划时代

的贡献。

14世纪，在意大利诞生了银行承兑票据，商人和银行开始使用"四人汇票"。在这种汇票上有贸易和结算中相关的两家客商和两家银行共四方的签字，其中各方在贸易结算中承担的责任包括：进口商，得到购买货物所需的信用；进口商银行，收取费用、承接进口商债务作为其债务，进行承兑担保，保证交易付款；出口商银行，提供交易中的实际款项，付款给进口商，持有"承兑票据"作为其资产；出口商，得到付款。因为这种汇票是银行承诺在未来到期时负责兑付，所以被称为"银行承兑汇票"。银行承兑汇票发明之后，被广泛用于贸易结算和资金融通。它既能让进口商不付款先进货，又能让出口商手持汇票心里踏实，还能让两边的银行赚得手续费。更为重要的是，这种票据由银行承诺兑付，可靠性高，可以在金融市场上广泛流通，没有到期的银行承兑汇票可以到银行贴现，提前获得现金，也可以在贸易中支付转让，还可以在金融市场上买卖。因此，它不仅直接推动了贸易和金融业的发展，也为后来投资银行的票据承销和经纪业务奠定了基础。银行承兑汇票是金融革命的创新产品。

1928年，时任交通银行总行业务部副经理的金国宝（1894—1963，字侣琴，吴江同里人，大学教授，金融专家，中国近代统计学奠基人），长期致力于中国承兑票据推行和贴现市场建立研究，提出建立票据市场是发展工商业的重要途径。1930年底，交通银行推出由金国宝设计创立的承兑汇票，并率先颁行《办理押汇凭信及承兑贴现业务规则》。这是中国贴现市场发展史上的第一个关于票据承兑和贴现的专门规章，被认为是中国银行业经营意识现代化的起点。这一举措，也让1908年的《交通银行章程》中提出的开展"贴现业务"成为现实。

为了便于客商了解和使用承兑汇票,金国宝还专门编写了《承兑汇票答客问》,通俗详细地解释这一创新产品,得到了社会各界的广泛认可。

交通银行首推的创新产品"承兑汇票",在中国银行业播下了现代票据承兑的种子,对现代商品经济和金融业的发展起到了积极的推动作用。这粒"种子"充满生机,不仅成长迅速,而且很快开花结果。1936年3月,由交通银行牵头,上海市银行票据承兑所正式创办,中国金融票据市场在交通银行的引领下又迎来了一轮新的大发展。

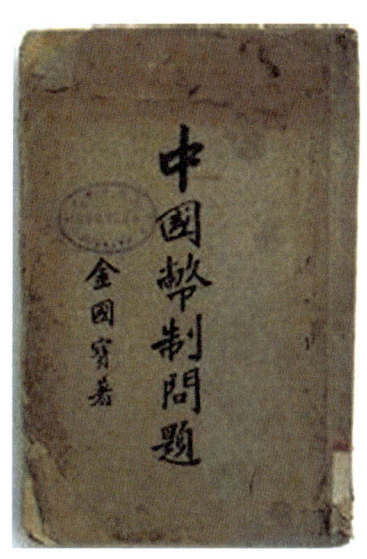

金国宝著作《中国币制问题》

趋新创新是交通银行的秉性,这一秉性让交通银行攻坚克难,保持了生命的活力,时时焕发出青春的生机。百年交通银行有了这一秉性,才活得潇洒,才能够成为中国银行界第一"寿星"。

第十一节
货币发行好作为 —— 交通银行的货币发行历程

交通银行有33年的货币发行历史,共发行了五大类25版100余种基本钞券。这些钞券是中国近代货币百花苑里的奇葩一族。因交通银行货币而生成的"交通银行钞券文化"永远载入了中国货币发行史册。

货币是"国家名片",承制"国家名片"发行货币的银行无疑是国家银行。但是,作为商业银行的交通银行,在清政府、北洋政府和南京国民政府时期都是特许的发钞银行,行使了国家银行发行货币的特权。"官商"交通银行是中国历史上发钞时间最长的商业银行,有33年的发钞历史,这在中国金融史上是绝无仅有的。

交通银行从宣统元年(1909年)开始发行清朝第一版银元券,至1942年7月国民政府公布《统一发行办法》结束发行,在长达33年的钞券发行历程中,共发行银两券、铜元券、银元券、小银元券、辅币券、法币券等计五大类25个版别100余种基本钞券,如果再细算版面区别,则不下千余种。清政府、北洋政府、南京国民政府对交通银行发行钞券均有明文规定,在这些历史时期,交通银行是中国货币发行不可或缺的中坚力量。

第一篇 老世故——叫好长寿的交通银行

交通银行于清宣统元年（1909年）发行的银元券

　　交通银行是清朝辅助统一币制的骨干。清光绪年间中国币制尚未统一，流通使用的货币除了成色不一的银两外，还有各种银元，包括国外流入的银元，如墨西哥鹰洋等。清政府为了统一货币，在光绪三十三年七月（1907年8月）颁布了《新币分量成色章程》，宣统二年四月（1910年5月）又颁定《币制条例》，把成色统一的银元定为国家货币。交通银行开业之时正逢统一币制，于是清朝政府将"辅助统一币制"列为交通银行设立后要承担的四项任务之一，即"通过经营四政收支及一般商业银行业务，推行国币，为统一币制之助手"。交通银行自开业的第二年即宣统元年（1909年）开始发行清朝银元券，计有银两券、银元券和小银元券三种，到辛亥革命爆发清政府垮台之

前共发行了250余万元。这种货币发行,在当时还只能算是营运范围受到限制的一般商业银行发行。

交通银行是北洋政府"扩大发行,分理金库"的国家银行。1911年11月,袁世凯组阁北洋政府,在前清时期做过交通银行首任帮理的"交通系"领袖梁士诒被任命为邮传部大臣,兼任总统府秘书长,这让交通银行顿时有了新机遇。1912年4月,梁士诒被交通银行股东会推为总理。有了这位官商两职兼任、被称为"二总统"的人掌门,交通银行很快就获得了发行货币和代理国库的特权。1913年,北洋政府通令各省,凡完税纳粮、发饷及一切官商交易,交通银行兑换券一律通用。自此交通银行货币发行逐年扩大,1913年达450万两,1914年增至596万两,同时在1913年5月获得了分理国家金库的特权。通过扩大发行和分理金库,交通银行实际上在行使着国家银行的权利,成为当时商业银行里的唯一。

第一篇 老世故——叫好长寿的交通银行

北洋政府时期交通银行发行的钞票

交通银行是南京国民政府法定货币的发行银行。1928年11月南京国民政府命令公布《交通银行条例》，1935年6月又令准修正《交通银行条例》，通过法令形式以增加官股和增派官股董事对交通银行

进行了两次改组,加强了对交通银行的管控。1935年11月南京国民政府实行币制改革,规定中央、中国、交通3家银行发行的货币为法币。这一举措限制了各种货币在中国的泛滥,杜绝了外资银行利用外币扰乱中国金融的如意算盘。按照政府旨意,交通银行接收了浙江兴业银行、中国垦业银行、中国实业银行、边业银行、湖北省银行、大中银行、四行准备库天津分库7家银行的发行业务及准备金,兑换这7家银行的流通钞券8911万元,又通过收兑银元新增发行了交通银行钞券11300余万元。法币政策实施前,交通银行的发行额仅有10451万元,到了1936年底,发行额高达30214万元,在一年多时间里发行量增加了近两倍。通过实施法币政策,交通银行迅速壮大了发行业务。1942年7月,南京国民政府公布《统一发行办法》,将法币的发行权集中于中央银行,至此交通银行货币发行的历史画上了终结句号。

第一篇 老世故——叫好长寿的交通银行

南京国民政府时期交通银行发行的钞票

从1909年到1942年，跨越三个历史时期，拥有33年的发行历史，交通银行发行的货币钞券成为中国近代货币体系中重要的一支。1942年，承载中国近代货币流通重任，见证中国近代政治、经济和社会变迁的交通银行钞券，完成其历史使命，永久地退出了货币流通领域，然而因交通银行发行货币而生成的"交通银行钞券文化"却永远载入了中国货币发行史册。

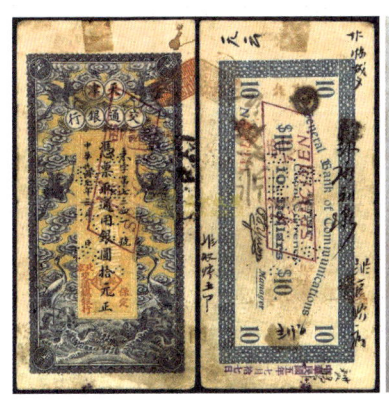

交通银行发行的票据

历史上承制交通银行钞券的商家,有商务印书馆、京华印书馆、天津清华印书馆、美国钞票公司、财政部印刷局、英国华德路印刷公司、伦敦德纳罗公司、大东书局等十几家中外制钞造币企业。其中,商务印书馆印制最早,美国钞票公司印制最多,英国华德路印刷公司印刷最负盛名。这些五彩斑斓、内涵丰富的交通银行钞券,蕴藏着丰富的历史价值、文化价值和货币研究价值,犹如深藏的陈年佳酿,日久弥香,值得仔细品味、欣赏和研究。

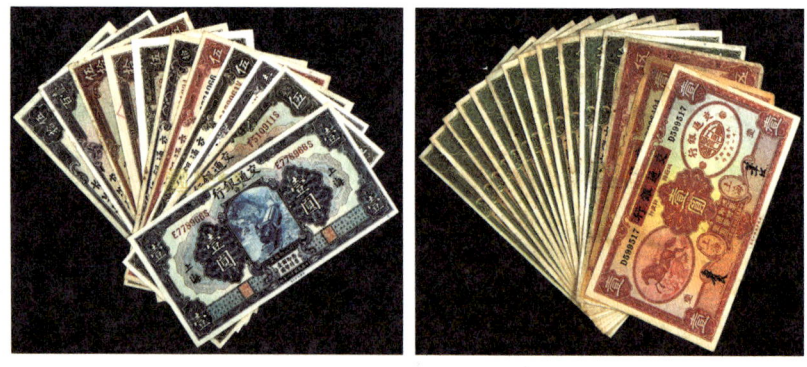

历史上交通银行发行的钞票

第十二节
审时应变好转身 —— 社会大变迁中的交通银行

交通银行从来不是中国最大的银行,也不是最强的银行,但是生存能力出众,活得最长!交通银行"长命百岁"重要的秘诀是审时应变,在社会大变革中能一次次成功实现华丽的"转身"。

川剧中有一独门绝技叫"变脸"。在表演"变脸"的舞台上,威武彪悍的"变脸"武生踏着节奏,不动生色,不露破绽,在一次次华丽转身的瞬间变幻出一张张迥异的脸谱。成功"变脸"引来一阵阵喝彩,让表演者更加精神抖擞,意气风发。"变脸"秘不外传,充斥着神秘,一度风靡大江南北,以至扬名海外。

变化是世间永恒的规律,大千世界无时不在变化,只有审时度势,适时应变,才能"适者而存"。然而,世间多骤变,骤变难应对,许多生灵都是在环境骤变中湮灭的,大到恐龙、猛犸象,小到细菌、微生物,都是因为不能适应骤变的环境而灭绝的。

交通银行成立开业以后,社会持续大动荡、大变迁,生存环境也是不断多变、骤变。在不到半个世纪的时间里,中国社会制度就发生了3次历史进程的大转变,但是新生的交通银行像川剧中的"变脸"武生,一次次"转身",一次次"变脸",在改朝换代的社会骤变中

得以成功生存和发展。交通银行一直未更名,未改姓,一直受朝廷和政府的器重,演绎了中国近代金融史上的传奇。

"一年好不是好,年年好才算好!一朝好不算好,朝朝好不得了。"交通银行是中国社会大变迁、大动荡中的"宠儿",它的"转身"和"变脸"值得思考和借鉴。

其一,交通银行是晚清"回光返照"时期的骄子。

中国在中日甲午战败后,晚清政府"回光返照",力行政治经济改革,推行"君主立宪",实行"实业救国"。晚清政府对朝廷行政机构改革后,成立了经管新兴实业的大清邮传部,大清邮传部要有自己的商业银行为经办的实业提供金融服务,便奏请光绪皇帝和慈禧太后成立了交通银行。1908年,御准成立的交通银行开业了。仰仗光绪皇帝和慈禧太后的天威,手执大清邮传部的政令,交通银行筹资收回了京汉铁路经营权,独揽了"绾合轮、路、电、邮四政收支"业务。晚清时期的交通银行办募债,发钞券,收铁路,收电报,辅助统一币制。在国内交通发达地域广设网点的同时,还在香港、新加坡、仰光和西贡设立了业务机构,成为中国最早出洋的银行。早期的交通银行树立了振兴民族经济的品牌形象,口碑一流。然而在交通银行成立后的第四年,中国爆发了辛亥革命,统治中国268年的清政府被推翻,交通银行失去了百般恩宠的靠山和后台,像深秋破土的麦苗即将经受霜雪严寒。

其二,交通银行是北洋政府的"提款箱",倍受磨难。

1912年中华民国成立,不久袁世凯在北京成立了北洋政府,北洋政府的交通部继承了清朝邮传部持有的交通银行官股,交通银行落入了以梁士诒为首的北洋政府"交通系"手中。有了梁士诒这位交通银行元老、袁世凯亲信、手眼通天的"二总统"作掌门,交通银行除了

第一篇 老世故——叫好长寿的交通银行

经管传统的"四政"收支以外,还获得了发行货币和代理国库的特权,名为商业银行,实则国家银行。在这一时期,中国银行业蓬勃发展,5年间中国国内新增银行186家。交通银行出类拔萃,发展尤为突出,成为北洋政府两大支柱银行之一。1912年交通银行存款总额为2160万元,1914年增加到6553万元,1928年达到了12983万元。在这一时期,国内军阀混战,政治派系纷争,政府首脑更迭频繁。置身政治经济大动荡中,交通银行倍受磨难,两度发生挤兑停兑危机,两度面对被吞并合并的厄运。

正是由于北洋政府深度插手交通银行的经营,使得交通银行沦为政府的"提款箱"。交通银行被迫滥发钞券为政府垫款,最严重时全部存款的8成被政府占用。也正因如此,交通银行资产质量急剧下降,经营恶化,在1916年和1921年两度出现挤兑停兑危机。日本居心叵测,竟借向北洋政府借款之机欲吞并交通银行。北洋政府也曾有保留中国银行、停办交通银行或中国银行与交通银行合并的打算。在这一时期,中国近代著名的政治经济人物也多现身于交通银行,除了梁士诒两度出任交通银行总理以外,曹汝霖、张謇、卢学溥等历史名人也在交通银行总理职位上发挥了重大作用。影响中国近代政治经济的"西原借款",也部分用于交通银行摆脱危机和通过交通银行办理。

其三,交通银行在南京国民政府时期成为名副其实的国有银行。

1927年南京国民政府成立之后,交通银行由江浙财阀接管整饬成为私营银行。1928年11月,南京国民政府改组交通银行,始设董事长及总经理。同时对交通银行实行专业化改革,交通银行成为特许发展的全国实业银行,总管理处由北京迁至上海,迎来了国有银行时代。南京国民政府首先从掌控交通银行股本入手,派任董事,并以政府名义参股20%。1935年国民政府修订《交通银行法》，发行公债参股交通银行，将政府股权提升至60%，至此交通银行成为真正的国有控股银行，开始扮演南京国民政府金融体系中的重要角色。1935年，南京国民政府形成了中央银行、中国银行、交通银行、中国农民银行、中央信托局、邮政储金汇业局，即"四行两局"的金融体系，交通银行是其中重要一员。1935年11月，南京国民政府实行币制改革，规定以中央银行、中国银行和交通银行所发行的钞票为法币。

南京国民政府时期交通银行总管理处在沪大楼

抗日战争全面爆发后，交通银行总管理处从上海迁到汉口，后又迁至重庆。战争期间交通银行坚持行使国民政府战时金融职能。1938年，交通银行董事长胡笔江蒙难于日军炮火，成为为国捐躯的英雄。日本投降后，交通银行总管理处迁回上海。

第一篇 老世故——叫好长寿的交通银行

抗日战争时期交通银行总管理处重庆旧址

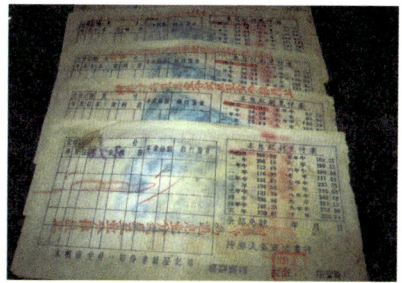

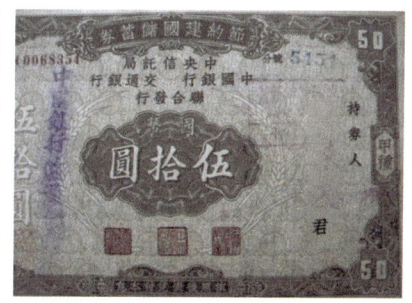

抗日战争时期交通银行联合中国银行共同发行的节约建国储蓄券

　　三年国共内战期间，国民政府军费骤增，国库空虚，通货膨胀日趋恶化，交通银行的营运资金逐渐游离于实业。1947年，交通银行"有价证券"已经占到了放款总额的半数，其中政府债券投资占97%以上。随着金圆券出笼，交通银行被迫交出外汇美金760余万元。1949年，交通银行在国内的外汇资金已抽逃殆尽，身心疲惫地迎来了新中国。

其四,交通银行在新中国先被撤并后又重新组建。

1949年5月上海解放,中国人民解放军军管会接管了交通银行。同年11月1日,交通银行经清理改组后复业,12月总管理处迁至北京。1952年,交通银行划归中华人民共和国财政部领导。1958年,交通银行除香港分行继续营业外,内地行的业务分别并入当地的中国人民银行和中国建设银行。1958年后,内地交通银行不复存在,只有交通银行香港分行一脉孤悬,然而交通银行总管理处的架构仍在,顽强生存的优良传统一直未灭。

1986年7月24日,交通银行作为中国金融改革试点批准重新组建。1987年4月1日,总行设于上海的交通银行,成为中国第一家全国性的国有股份制商业银行正式对外营业。重建的交通银行,抓住机遇,用活政策,加速复兴发展,谱写了中国金融的新篇章。交通银行是中国第一家资本来源和产权形式实行股份制的银行;是第一家按市场原则和成本效益原则设置分支机构的银行;是第一家打破金融行业业务范围垄断,将竞争机制引入金融领域的银行;是第一家引进资产负债比例管理,并以此规范业务运作,防范经营风险的银行;是第一家建立双向选择的新型银企关系的银行;是第一家可以从事银行、保险、证券业务的综合性商业银行;是第一家完成财务重组的国有控股银行;是第一家引进国际战略投资者的大型商业银行;是第一家在境外公开上市的内地商业银行……

在2016年7月美国《财富》杂志发布的2016年度"世界500强公司"排行中,交通银行以570.68亿美元的营业收入列第153位,较2015年上升了37位,排名再创历史新高,这已是交通银行连续第八年跻身500强榜单。

第一篇 老世故 ——叫好长寿的交通银行

交通银行作为活得最长的银行,"长命百岁"自有其秘诀,简言归纳至少有以下五点:

1. 交通银行是民族实业骄子,它是龙头节出生的"龙子",在华夏故乡得天时、地利、人和。

2. 交通银行少年励志树立了振兴民族经济的好形象,它首战赎回京汉铁路经营权深得人心,"火车头银行"风靡中国近半个世纪。

3. 交通银行一直致身政治经济"火线"前沿,它在经济核心大舞台上频演"热剧",常扮"明星"。

4. 交通银行有趋新创新的秉性,它敢为天下先,勇于担当,擅做政府的臂膀股肱。

5. 交通银行汲取力极强,它无畏恶劣生存环境,"有点阳光就灿烂,给点养分就萌发"。

当然,其他秘诀还有待业界深入探究和总结。

交通银行总行新建大楼

第二篇

老前辈——印象交通银行的历史人物

> 1907—1949年是中国近代社会大动荡、大变革的时代。这一时期，中国由封建社会到半封建半殖民地社会再到社会主义社会，发生了巨大转变；这一时期，从清王朝到民国政府再到新中国，政权几次更迭；这一时期，北洋政府政变频繁，世界列强经济入侵，第一、二次世界大战爆发，日本发动侵华战争，中华民族遭受空前浩劫；这一时期，中国各行各业都经受了前所未有的严峻考验。
>
> 在这一时期，交通银行诞生、成长、壮大，树立了发展民族经济的品牌形象。这一时期的交通银行人，置身高风险经济核心地带，活得艰辛，活得出采，活得韵味十足。从1907—1949年的42年中，交通银行人才辈出，豪杰频现。每当"灾难"降临，总是"吉人天相"！仰仗睿智的前辈，交通银行一次次逢凶化吉，遇难呈祥，每每创造出业界奇迹！这些著名的老前辈，是交通银行历史天空中增光添彩的明星，是交通银行精神的化身，是交通银行发展和壮大的必然。
>
> "海纳江河因有容，社稷康盛依栋梁。"交通银行昔日康健繁荣，因有国之奇才。今天，交通银行腾飞图强，也需国之栋梁！
>
> 忆老前辈品德，瞻老前辈功绩，思老前辈高尚追求！

第一节
陈 璧——兢业精业的交通银行之父

陈璧

陈璧是清廷重臣、邮传部尚书、交通银行主管部门的主官。他奏请设立交通银行;他制定了交通银行第一个章程;他为交通银行运筹了"以绾合轮、路、电、邮四政收支,收回利权为主旨"的经营路线;他谋划筹款韬略,引导交通银行首战大捷;他指挥交通银行展业布局,奠定了百年大业之基。

陈璧(1852—1928),称他是兢业精业的"交通银行之父",乃因为他是交通银行设立时上级主管机构的一把手——大清邮传部尚书。设立交通银行是他的主意;奏请设立交通银行是他呈奏御准;他参照西方商业银行准则制定了交通银行的第一个章程;他奏请选定了交通银行行址,选拔了交通银行高管;他为交通银行制定了"以绾合轮、路、电、邮四政收支,收回利权为主旨"的经营路线方针,使交通银行独霸一方,垄断经营新兴经济领域银行业务;他为交通银行确立了"招募公债、挪借款项、提集存款、另借新债"的经营战略战术,使交通银行成功筹资,赎回了京汉铁路经营权,首战大捷;他指挥交通银行

展业布局,奠定了百年大业之基,树立了振兴民族经济的品牌形象。陈璧享有"交通银行之父"的美誉当之无愧!

陈璧,清朝咸丰二年(1852年)生人,字玉苍、佩苍、雨苍,晚号苏斋,福建闽侯县南通镇苏坂村人。他17岁中秀才,23岁中举人,25岁进士及第。历任内阁中书、御史、太仆寺少卿、顺天知府、户部侍郎、邮传部尚书兼参预政务大臣等官职,是清末新政时期文武兼备、通晓财经、锐意创新的重要官员。

陈璧故居

清末,社会政治经济大动荡,为陈璧施展才能提供了机遇和舞台。

陈璧体恤商艰,倡导官助商办现代实业。他曾三次奏请清廷整顿船政,提出"开自然之利"的改革方案。建议利用船政局闲置船只发展客货运输,利用船厂机器设备优势兼营民用产品,建议朝廷委派大臣强化基层管理。这些对促进船政局资本主义经营方式的发展起了重要作用。他试开过煤矿,主张铁路收归国有,还代表清政府签订了《收回京汉铁路借款合同》。

陈璧重视教育,倡导教育与发展实业相结合。早年他在福建家乡主讲凤池书院,就增设时务、论策等讲习新内容,使"闽中学风为之一变"。入朝为官期间,他创办过京师工艺局、顺天中学堂、金台校士馆及五城中学等。他在教学中开设英文、日文、法文等新学科,教授物理、化学、算学、机械学、绘图学等专业知识和景泰蓝编织、刻字、制作木器、织布等实用技能,还设以专利权,开发学生的自主创造性。他在工艺局创办农务学堂,聘用日本农业专家教授农、桑、水利、饲养的新方法,建立农业科学试验场,实验科学养蚕。他重视科学研究,在邮传部任上设立交通研究所,奖励学者及科技人员对邮电、水陆交通进行研究和改革。

陈璧题字

陈氏祠堂

陈璧带过兵,曾在福建训练过乡勇,奉旨在京办理过团练,率团勇镇压过义和团。

陈璧注重营造良好的金融秩序,是清末币制改革和统一币制的奠基人。他参与开办了天津造币厂及大清银行;他奉命在考察各地铸币的基础上,推出了精简造币局方案措施,统一了国内造币成色、数额和铸模等,为币制统一奠定了基础。

陈璧结缘交通银行是在其邮传部尚书兼参预政务大臣任上。

甲午战败后,清政府推出"力行实政"的救亡图存国策,认为"凡百生利,莫如铁路之速",把铁路建设列为首要。然而,当时铁路这一产生巨大利益的经济大动脉,却因前期修路对外借款,致使经营权旁落外国人之手,造成重大经济损失。其中,贯穿中国南北腹地的京汉铁路就是应最急于收回的一条。清政府将赎回京汉铁路经营权的差事交给了主管铁路的邮传部,从而促成了陈璧与交通银行的不解之缘。邮传部是光绪三十二年(1906年)清朝为推行"预备立宪"对政府机构进行的重大改组,收权于中央政府新设立的一个部,负责掌管轮、路、电、邮等新兴实业,邮传部的首任尚书就是陈璧。

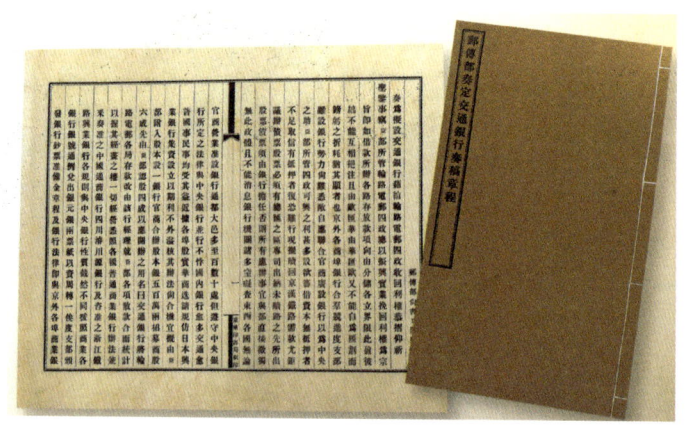

邮传部奏定交通银行章程

第二篇 老前辈——印象交通银行的历史人物

陈璧为了筹集赎回京汉铁路的资金,设计了成立交通银行募集资金的方案,并在光绪三十三年十一月初四(1907年12月8日)呈奏慈禧太后和光绪皇帝。光绪三十四年二月初二(1908年3月4日)交通银行御准成立开始营业。当年12月,京汉铁路建设用款本息等共计22740万法郎,约合银元9000万元全部偿清,清政府收回了这条建设周期达9年之久,干支线长度达1311.4公里的铁路经营权,交通银行设立的第一项任务圆满完成。随即陈璧为交通银行设计的经管轮、路、邮、电四政收支等业务全面铺开。交通银行在陈璧任邮传部尚书期间得到了快速、健康和有序的发展,陈璧为奠定交通银行百年基业立了头功。

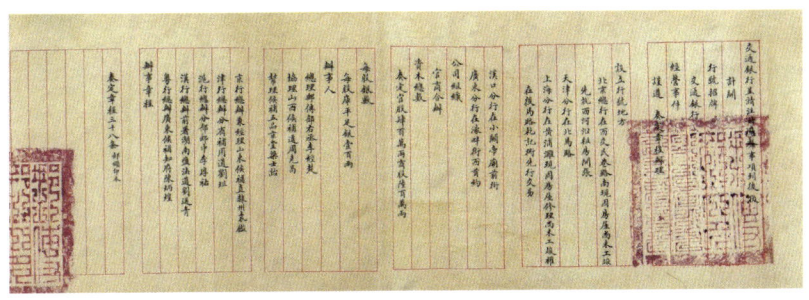

邮传部为交通银行呈请注册的札件

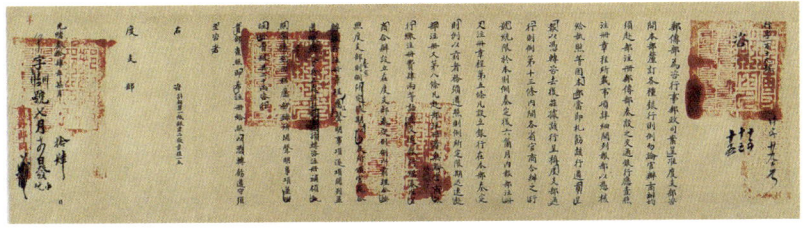

光绪三十三年邮传部为交通银行呈领执照的札件

邮传部把持着清朝经济命脉，主官是朝廷重臣，深得太后和皇上信任。邮传部尚书多是功历资深、左右逢源、上下认可的人才。然而，多方利益交汇部门的主官也难以长期自保。邮传部不到6年更换了13任主官，平均每位任期不足半年，史说"设部未及半年，死者、去者、革者相继连绵不绝"。陈璧是邮传部历任尚书中任职最早、任期最长的一位，从光绪三十三年四月至宣统元年一月，共一年又八个月，足见其官场腾挪之功力。然而，陈璧仕途的终结也是在其邮传部尚书任上。陈璧到任邮传部尚书后，积极整顿部务，力行改革，严禁官吏挪用公款和贪污腐败等行为，他废除了官吏乘火车和运货的免费特权，实行存款保密等一系列措施。陈璧的主要政绩除了创办交通银行和收回京汉铁路经营权以外，还有收买商办电报，筹议收回邮政经营权等。陈璧兴利除弊的措施触犯了一些满洲贵族官僚的利益，遭到激烈反对。光绪三十五年，御史谢远涵劾奏陈璧"滥用私人，糜费公款"等罪名，朝廷命令大学士那同、孙家鼐查办陈璧，复奏："该尚书才优于德，办事操切，不恤人言"，后又交吏部议，陈璧随之被革职罢官。

陈璧为官清正，最后却因"贪污、卖官"被治罪革职。陈璧在任时的清廷贪腐横行，为何唯"陈独负其重咎"。追究其深层原因，史界认为主要有二：一是陈璧"为人气度偏浅，遇事不知从大处着手，且好挑剔细故，自诩精能，故舆论多薄之"；二是陈璧早年与袁世凯私交过密，属袁世凯派系的人，"适以奉派修筑崇陵及摄政王府第两事，失隆裕太后及摄政王之欢"，摄政王载沣当政后，袁世凯被贬斥及陈璧。

被革职永不续用的陈璧寓居苏州。宣统三年(1911年)，陈璧移居天津。民国元年(1912年)，陈璧由津迁沪，翌年移居北京，于西城筑"苏园"寓居，日以"种花莳蔬"自娱。晚年，他不忘乡梓教育，曾写信建议家乡苏坂学堂改革课程,增设学科,使"里中子弟益得向学之途"。还修刊族谱,捐产立义庄赡养本族孤寡。民国十一年,陈璧由北京再迁天津,于民国十七年三月二十六日辞世,享年 77 岁,好人善终。

一代宗师陈璧,一生务实敬业、兢业、精业,学以致用,趋新求变,努力成就现代新潮实业,用业绩报效国家,这也成为交通银行后来人继承发扬的优良传统!

第二节
李经楚——公私两损的交通银行首位掌门人

李经楚

　　清廷选任李经楚担任交通银行第一任总理,不仅因为他官衔相当,还因其拥有丰富的政商履历和业绩。然而,"公私兼顾"和"金融危机"令一代交通银行首领"应接不暇",最后惨痛夭折,成为悲剧人物。摆正公私关系,管控风险,量力而行,是金融行业和金融从业者应时刻牢记的!

　　提及交通银行的首位掌门人、第一任总理李经楚,知晓的人会说,他是李鸿章的侄子。的确,他出自大官僚世家,不仅叔父李鸿章是晚清权倾朝野的军政重臣,其父李瀚章也是接替张之洞任两广总督的清朝封疆大吏。李瀚章有11个儿子和10个女儿,李经楚是他的次子。李经楚的兄弟们在政商两界不乏建树,姐妹们多嫁给了皇亲国戚,李经楚本人的政商业绩也是非常了得。出任交通银行总理时,李经楚的官级是"三品衔、二品顶戴"。他开设的"义善源票号"是当时最大的票号之一。

第二篇 老前辈——印象交通银行的历史人物

李瀚章

李鸿章

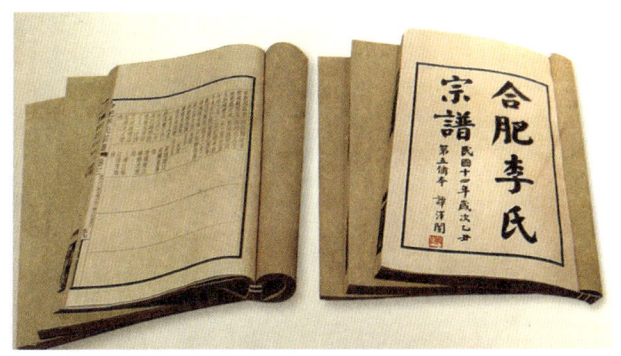

李经楚家《李氏宗谱》

交通银行是清廷御准的官商,独家经营清朝轮船、铁路、邮政、电报四大经济命脉行业的银行业务,清廷对选派交通银行高管十分审慎。按照邮传部奏定的章程规定,交通银行的总理(一把手)、协理(二把手)必须有财政学识,出洋考察过财政学,或者曾是银行职员及曾办银号著有成效者。另外,为了沟通银行与铁路之间的联系,"使款目相互牵制,不至于有所牵制",朝廷另旨派帮理(三把手)参加管理。交通银行成立时,由于商股筹集未齐,股东大会不能召开。首

任总理、协理和帮理都是由官股股东邮传部奏请朝廷选派的,由时任邮传部右参议、四川建昌道员李经楚任总理,山西道员周克昌(创办四川浚川源银行)任协理,邮传部参议、铁路总局局长梁士诒为帮理。这是个高级别的专业领导班子,掌门人李经楚的才能尤其出类拔萃。光绪三十三年十一月,邮传部呈奏朝廷的奏派总协理奏章称,"查有署臣部右参议四川建昌道李经楚,精明干练,长于理财,于银行事宜讲求有素,经验尤深,堪以派充总理"。邮传部对李经楚的这一考察评价是客观切实的,李经楚出任交通银行总理,除了他大官僚世家的背景影响以外,他的学识和业绩考量也是完全符合任职条件的。

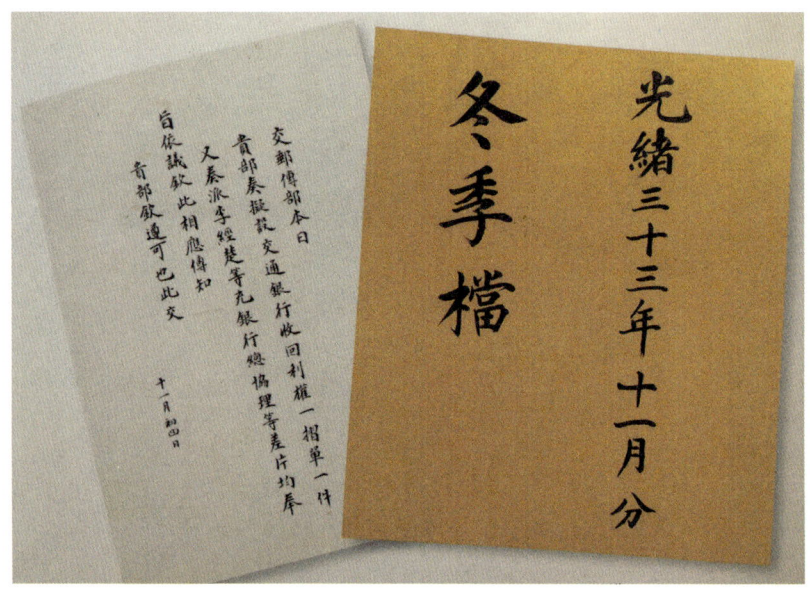

清廷《冬季档》中有关李经楚任职的记载

第二篇 老前辈——印象交通银行的历史人物

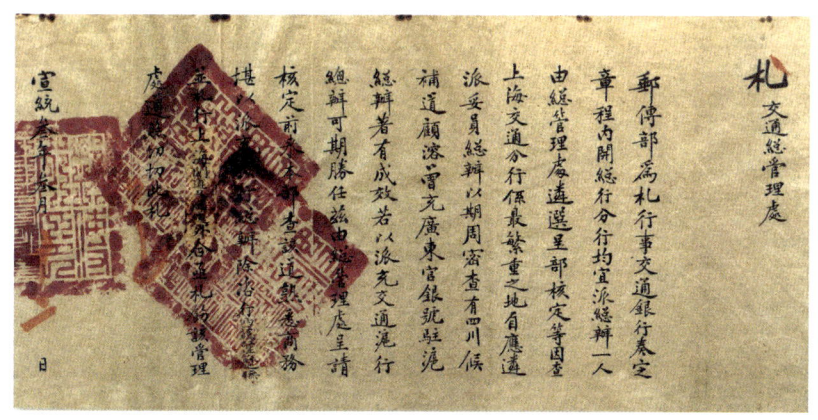

清廷准奏邮传部呈奏交通银行人事遴选札件

李经楚（1867—1913），字仲衡，号佑三，安徽合肥人。史料记载，李经楚以三品衔、二品顶戴任江苏后补道，后去比利时、法国等国任参赞官，又任京师大学堂提调并兼办大学堂工程处等，再后来长期任职于邮传部，官至邮传部右丞。李经楚较早接受了西方现代思想和知识，才学广博、融通中西、精通政务、办事干练。他多次随清廷大员出国访问、谈判，还代表清廷观摹日本博览会，处理津浦铁路事件。李经楚创办的"义善源票号"，是当时中国最早涉外经营、办理外汇兑换业务的票号。正是由于李经楚深厚的政商积淀实绩，清廷最终选定他为交通银行首任掌门人。作为交通银行的创办人之一，李经楚任职期间主要业绩有四个方面：一是筹款赎回京汉铁路经营权，完成了交通银行成立初期的使命；二是收回电报局商股，使电报局成为邮传部经办的企业；三是奠定交通银行基业，设置分支机构，扩充股本，发行股票；四是开展一般银行业务。

李经楚开办的"义善源票号"有一个业务伙伴"源丰润票号",二者都是当时国内最大的票号之一。票号是以经营汇兑业务为主的金融机构,亦称票庄、汇号或汇兑庄,即汇兑银票的处所。票号早期以承兑业务为主,后来增加了存款业务,是近代银行的雏形。"义善源票号"有支店37家,另外李经楚还有多处当铺。任职交通银行总理给李经楚"公私兼顾"提供了条件,他一手掌控"义善源票号",一手经营交通银行,两手"齐抓共管",好不快活,期间假公济私把交通银行大量资金拆借给"义善源票号"盈利。1910年上海股市橡皮股票暴涨,很多钱庄票号疯狂追进,最终倒闭破产。1910年初,上海共有91家钱庄票号,在橡皮股票风潮中倒闭歇业的达到48家,占总数的53%,亏欠总额达白银1933万两。在这场风潮中,与"义善源票号"业务来往密切的"源丰润票号"也破产了。受其影响,"义善源票号"资金周转不灵,依靠交通银行勉强维持。当时邮传部主官更迭,新任邮传部尚书盛宣怀与李经楚不和,为了排除异己独揽交通银行大权,他撤换了交通银行帮理梁士诒,逼迫义善源9个分支票号偿还拆借交通银行的资金,总计白银280余万两。"义善源票号"资金链崩裂,无款应兑,1911年3月21日宣告破产。此时,"义善源票号"总负债已达天文数字,总计白银1400万两。当月李经楚引咎辞去了交通

义善源票号旗招

第二篇 老前辈——印象交通银行的历史人物

银行总理之职。

李经楚创办的"义善源票号"破产了,但是他对待所欠交通银行借款的做法,却是具有绅士风度和职业诚信,令人称道的。李经楚下令把自己在江苏和浙江等地的典当行和地契全部用来抵偿,并叮嘱义善源各地分号加速清理,尽快还清交通银行欠款,不足之数变卖家中首饰补齐。尽管如此,李经楚和"义善源票号"还是给交通银行带来了难以挽回的损失,交通银行的信誉一度岌岌可危,以致市场上不愿接受交通银行的钞券。

给交通银行带来的损害和"义善源票号"的轰然倒闭,令李经楚身心受到了巨大创伤,他从此一蹶不振,两年后便因病去世,年仅46岁。金融危机和市场风险猎杀了才华横溢的一代交通银行掌门人,令人扼腕痛惜。

出身名门显贵,含着"金钥匙"来到世上的人,无疑是上苍格外眷顾的佼佼者。然而,如何用好这把"金钥匙"又是人生要破解的课题!这把"金钥匙"不能逢门必开,人生由此路路通。世事多变,能力有限,不管是谁,量力而为,行力所能及很重要!

第三节
梁士诒——叱咤风云的总理和"交通系"领袖

梁士诒

梁士诒是对银行经营有独到见解的睿智硬汉,他一生叱咤风云,两朝业绩卓著,三次被通缉逃亡,四进四出交通银行……他在屡败屡战中创建业绩,在屡战屡败中树立形象。斯人是交通银行历史人物中百折不挠的典范,交通银行历史因有其人而增光添彩。

梁士诒(1869—1933),这是一位蜚声晚清和民国两个时期,在政坛、财经和金融界赫赫有名、跌宕起伏、颇有建树的重量级人物。梁士诒是交通银行的创建人之一,在晚清和民国两个时期任职于交通银行多个核心岗位,是历史上在交通银行出任岗位最多、在位时间最长的前辈。梁士诒对交通银行情有独钟,历史贡献非凡卓著。

1869年5月5日,梁士诒生于广东省三水县冈头村海天坊。梁士诒幼年随父读书,20岁在佛山书院读书时与梁启超是同学。光绪二十年(1894年),25岁的梁士诒以二甲第十五名得中进士,次年官授翰林院编修开始步入仕途。

第二篇 老前辈——印象交通银行的历史人物

不同时期的梁士诒像

梁士诒故居（广东省三水县冈头村海天坊）

梁士诒是晚清时期大名鼎鼎的"五路财神"。

1905年梁士诒任清朝铁路总文案，两年后任邮传部京汉、沪宁、正太、汴洛和道清五条铁路的提调和铁路总局局长。此间正是中国"凡百生利，莫如铁路之速"的年代，总掌铁路大权的梁士诒被称为"五路财神"。正是因为梁士诒的这一身份，1908年交通银行成立时他被清廷旨派兼任交通银行帮理。交通银行帮理一职由朝廷旨派，其主要职责就是沟通银行与铁路的联系，这一职位非"五路财神"莫属！

梁士诒是民国初期的"二总统"。

梁士诒早年做过袁世凯的幕僚,与之关系甚密,以后梁士诒追随袁世凯在政界起伏。1908年慈禧和光绪死后袁世凯被逐,1911年春,与袁世凯有怨隙的盛宣怀任邮传部尚书,随后梁士诒被参劾撤职。1911年10月武昌起义后,清廷再次起用袁世凯,梁士诒秉承袁世凯意旨活动策划,协助组建了袁世凯"责任内阁",他先署邮传部副大臣,后署大臣。梁士诒配合袁世凯多次率众逼宫,声称财源枯竭,大局难保。他还在幕后策动北洋将领与驻外使节电逼清帝退位。1912年中华民国成立,1913年,袁世凯在北京就职大总统后,任命他的心腹梁士诒为总统府秘书长。此时,梁士诒掌控总统府,权倾朝野,又被称为"二总统"。

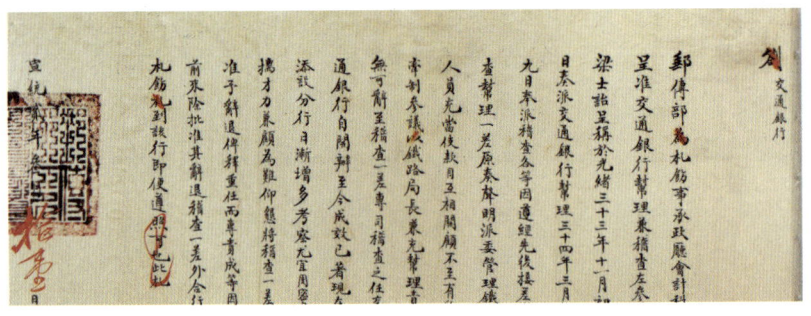

宣统二年(1910年)邮传部札件,批准梁士诒辞去交通银行稽查一职

梁士诒兼职交通银行总理是"梁大财神"。

1912年5月,交通银行股东联合公会推选袁世凯总统府秘书长梁士诒为总理。由此这位"二总统"又有了新称谓"梁大财神"。交通银行有了这位故旧元老"二总统"作掌门,占尽了"便宜",得到了超常发展。梁士诒想方设法维护交通银行利益,扩大交通银行权力,使交通银行获得了国家银行的地位。

为了稳定和增加交通银行存款,梁士诒向北洋政府提出"缓拨官存,新旧账分开"的办法,要求把前清邮传部存在交通银行的官银作为旧账,一律缓提,又使交通银行成为北洋政府铁路借款的收存银行,还把自己的私产用于购买交通银行的不良资产。梁士诒的这些举措,让交通银行顺利渡过了政权交替时期运营资金短缺的难关。之后,梁士诒借力北洋政府通令,"各省,凡完税纳粮、发饷及一切官商交易,交通银行兑换券一律通用",还让交通银行获得了"受政府之委托经理国库"、"受政府之特许,发行兑换券"等特权。经过梁士诒的努力,北洋政府颁布了《交通银行则例》,用政令确立交通银行为具有国家银行性质的银行,使交通银行成为北洋政府两大金融支柱银行之一。梁士诒掌门时期,是交通银行业务发展最快、业界地位最高的时期。

北洋政府时期的外事活动留影

梁士诒与交通银行结缘很深,从晚清时任交通银行首任帮理,到1928年在交通银行总理任上辞职。其间20年里四进四出交通银行,先后在帮理、总理、董事长等岗位就职。其中前后两度担任总理,达7年之久(1912.5—1916.7;1925.5—1928.4)。据史料记载,当年是

(1907—1949)

梁士诒建议邮传部奏设交通银行，并拟定了交通银行章程三十八条草案的。袁世凯统治时期，内阁中"保留中国银行，停办交通银行"的动议，因梁士诒的坚决反对终未实现。1917年在海外避难的梁士诒得知日本企图"合办"交通银行时，立即向交通银行董事会发电疾呼，"交通银行乃国家第一银行，事关国家安危，岂容别国染指"。

交通银行发行钞票上梁士诒英、汉文签字

梁士诒是著名的"交通系"领袖。

梁士诒凭借职权在交通系统中广为扶植亲信，逐步形成了一个以他为首的既得利益官僚集团，史称"交通系"。"交通系"是中国近代著名的金融财团与政治派系交织的官僚财政权力网。"交通系"在国内以袁世凯的政治势力为庇护，在国外以英、日帝国主义为后援，逐渐掌握了中国的铁路、轮船航运、电话电报、邮政等事业的领导权，同时还控制着交通银行、金城银行、中华汇业银行、盐业银行、正丰煤矿、中兴煤矿、北票煤矿、六河沟煤矿、龙烟铁矿、戊通航业公司等大银行、大企业。在北洋军阀统治时期，"交通系"掌控着国家经济命脉，与"北洋军"文武合璧，成为北洋军阀统治的两大支柱。1916年袁世凯死后，梁士诒遭通缉外逃，梁士诒的"交通系"也随之失势。之后在其班底上又生成以曹汝霖为首的"新交通系"。随之，梁士诒的"交通系"也被称为"旧交通系"。

梁士诒逐浪政经两界，人生跌宕。

梁士诒是政治实干家，不尚空谈，特色鲜明。虽然他深谙"中庸"之道，长袖善舞，然而他所处的时代政变频繁，世事繁多，而他多又身不由己。梁士诒协助袁世凯逼迫清朝皇帝退位，为实现"共和"作出了重要贡献。之后，他却又成为复辟帝制的祸首。梁士诒曾任民国政府总统府秘书长、安福国会参议院议长和国务总理等要职，也曾三次被通缉。梁士诒用心打理交通银行多是为政府效力，也曾敷衍蒋介石亲自出面借款。1926年底，在交通银行董事会上，梁士诒十分伤感地说："十几年殚精竭虑，期望国富民强，可惜国家四分五裂，我辈操劳又有何用？"不久，梁士诒辞职离开交通银行，再也没有回来。1933年4月9日，梁士诒于上海病逝，终年65岁。

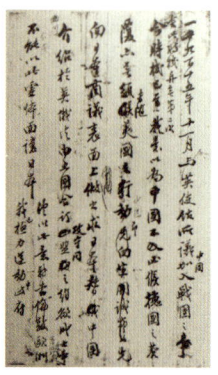

梁士诒手书的便条

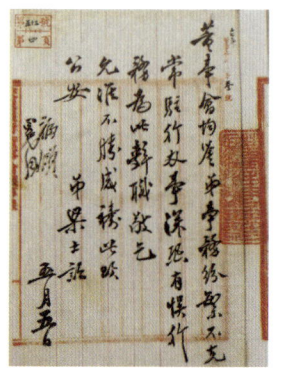

民国十七年（1928年）梁士诒的辞职信函

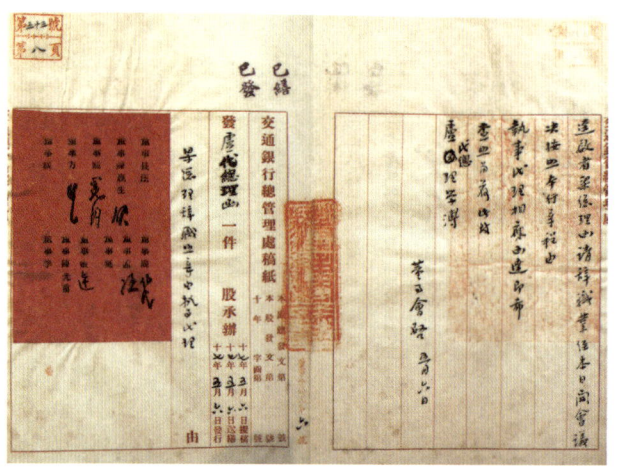

交通银行董事会关于梁士诒辞职由执事代理的函

梁士诒的银行经营理念独到趋新。

梁士诒认为，"银行重要之事务，首在吸收存款；次则汇兑；又其次则买卖生金、生银等事；最不可做者，是信用放款及不动产押款"。梁士诒不待见银行最基本、最传统的信贷投放，他的解释有三：其一，中国银行业资本短绌,流动性不足,放款过多,银根紧短、周转不灵,影响更为重要、更加获利的业务发展。其二,放款手续简易但获利有限,汇兑以及买卖生金、生银等业务虽比放款繁杂,但获利更丰厚。银行要胜于钱庄,避简就繁,追求高利润。其三,无抵押放款相当危险,有抵押放款押品变现难,放款对银行的危害大。梁士诒的这些经营理念针对交通银行"量身定做",这在交通银行之后的存款大发展、利润大提高中也得以充分体现。梁士诒的这些"规避风险,追求利润"的经营理念是商业银行发展的精髓,与今天商业银行改革发展中"存款立行、追求利润、发展中间业务、减少资本占用"等现代经营理念,也是相当吻合入扣的。

睿智硬汉梁士诒,一生叱咤风云,两朝业绩卓著,三次被通缉逃亡,四进四出交通银行……在屡败屡战中创建业绩,在屡战屡败中树立形象。斯人是交通银行历史人物中百折不挠的典范,交通银行历史因有此人而增光添彩。

梁士诒墓(位于梁士诒故里。墓为圆土坟结构,以灰沙夯筑。前建有碑亭,碑前为石拜桌。有墓道、石牌坊。石牌坊阳面刻书法家叶恭绰所书"梁氏佳城"。阴面刻段祺瑞所题"将相联辉"。占地面积约6000平方米。)

梁士诒墓志铭(民国十九年移葬时由叶恭绰所书,题为"清故邮传部尚书玉苍陈公墓志铭")

第四节
曹汝霖——用晚节欲挽回前誉之失的积善修德人

曹汝霖

"亲日派"曹汝霖是"新交通系"的首领,也是中国近代一系列重大政治经济事件中的核心人物。五四运动中他成为举国指骂的"卖国贼",从此与政治绝断。他从政为官15年,行善修德近50年。然而50年的"彻悟"和修行,似乎也没挽回早年的毁誉。

曹汝霖(1877—1966),中国近代著名政治和经济人士,袁世凯倒台后因梁士诒被通缉外逃,交通银行股东总会推选出的总理。他在交通银行任职的五年(1917.1—1922.2),还担任了北洋政府交通、财政和外交三个部门的总长,是"新交通系"的首领。曹汝霖在交通银行第一次停兑后上任,因第二次停兑辞职下台。期间,他主办的"西原借款"大都通过交通银行办理,这一对日借款对中国近代社会产生了重大影响。曹汝霖声名狼藉的人生转折点发生在1919年五四运动时期,他作为亲日派核心人物,由于代表北洋政府参与了巴黎和会的"和谈",屈从了"外强",将战败德国在山东的权益签约转让给了

第二篇 老前辈——印象交通银行的历史人物

日本,被视为头号"卖国贼"。五四运动爆发当天,愤怒的学生游行队伍,高喊"外争国权,内惩国贼"、"废除二十一条"等口号,冲进了位于北京赵家楼的曹宅,捣毁并"火烧赵家楼"。之后,这一事件迅速演变成大规模的罢课、罢工及罢市。迫于形势,北洋政府将曹汝霖等人免职。家毁官丢,路人唾骂,让仕途腾达、春风得意的曹汝霖很受伤,他发誓从此与政治决裂,彻底改变人生。此后,曹汝霖再也没有涉足政界,倾心致力慈善,积善修德,挽回声誉。曹汝霖活了90岁,是交通银行掌门人中的寿星,比首任总理李经楚长寿一倍。

曹汝霖,字润田,1877年1月生于上海嘉定一个职员家庭,其父是江南制造局材料库主任,祖上是清朝光绪皇帝的御膳大夫。曹家曾是上海地区绝无仅有的"三代进士""四代一品"的高官望族。曹汝霖是独子,15岁入塾师习"八股",18岁中秀才。他厌倦八股文,一心想学习造铁路,22岁转入汉阳铁路学堂。八国联军入侵中国后,曹汝霖又认为铁路学堂有名无实,执意去日本留学探寻变革强国道路。在日本,曹汝霖先进早稻田专门学校,后转入东京法学院,1904年学成归国。留学的经历让他崇尚日本,也为他日后的"亲日派"人生涂上了底色。

曹汝霖从政15年,从1904年步入仕途到1919年五四运动爆发后被免职,先后供职于商务、外交和交通等多个部门和岗位,还兼职交通银行总理,其间不乏建树。他参加清朝留学生选拔,取得殿试第二名的成绩,是中国最早的"洋翰林";他深得袁世凯、徐世昌等政要赏识,以"学识兼优,才堪大用"被保举;他被光绪、慈禧召见讲述日本君主立宪,得到了首肯和提升;他作为对日"专家",参与了清廷与日本"日俄战争"后东三省的善后谈判;他陪同溥伦亲王前往

日本答礼访问；他被清廷派往东北考察，提出了"对日本和整理东北"的 10 条建议，得到清廷重视；他作为北洋政府对日谈判代表，参与签署了臭名昭著的《二十一条》和《中日民四条约》……这些所为使他成为朝野公认的"亲日派"，也成了国人反日讨伐的首要"卖国贼"。

五四运动中街头演讲的北大学生

曹汝霖网罗交通系统官宦权势，在梁士诒之后形成了以他为首的"新交通系"。"旧交通系"在经济上主要是发展现代实业生财聚财，形成北洋政府经济支柱。"新交通系"则主要是向外国大宗借款，支撑北洋政府军费和经济开支，借款的对象主要是日本，最出名的就是"西原借款"。

第二篇 老前辈——印象交通银行的历史人物

五四运动中的抗日人群（画）

1917—1918年，段祺瑞北洋政府向日本进行了一系列秘密借款，其中主要有8笔，总计1.45亿日元。由于这些借款是通过日本首相寺内正毅的特派代表、段祺瑞的日本顾问西原龟三经手办理，史称"西原借款"。西原借款起源于日本对华政策的改变。一战爆发后，西方国家无暇顾及在中国的利益，日本及时调整对华政策，变武力侵略为经济侵略，通过金融控制中国财政是这个政策的核心。当时北洋政府的两大银行中国银行和交通银行宣布停兑，国家财政濒临崩溃。日本此时主动送来的"西原借款"给出了最优惠的外债条件，恰如"雪中送炭"。"西原借款"名义上是日本兴业、朝鲜和台湾三家银行的银团借款，实际上款项均由日本政府从国库预备金中支出。"西原借款"让北洋政府渡过了经济危机，加强了皖系军阀的实力，同时也把中国山东和东北地区的铁路、矿产、森林等权益出卖给了日本。正如寺内正毅所说，日本通过借款攫取的在华政治和经济特权何止十倍于《二十一条》。

"西原借款"初始,曹汝霖刚上任交通银行总理,还是北洋政府交通、外交总长,之后又兼任财政总长。"西原借款"的首笔款项缓解了交通银行第一次停兑危机,以后借款也大多由交通银行办理。与此同时,"西原借款"也让日本财团打起了吞并交通银行的主意。借款没有从根本上改变北洋政府的财政困境,以致在1921年11月又发生了第二次停兑风潮,曹汝霖也因停兑遭到了各方责难,于1922年2月辞去交通银行总理职务。曹汝霖因主办"西原借款"惹祸上身,1922年6月因经手参战借款被移送法庭办理,10月北京地方检查厅查清后宣布,曹汝霖无损害国家财产罪。

曹汝霖,幡然悔悟,决定永不涉足政坛,是其人生质的提升和转变,可谓"此时无为胜有为"!特别是在以后涉及民族气节的大是大非面前,他的所作所为就更让人称道了。抗日战争爆发后,曹汝霖表示要"挽回前誉之失"。他毅然回绝了日伪政府的高官委任,对虚职挂名也竭力敷衍,让日寇大为光火。蒋介石却因此对他非常赞许。抗战胜利后,曹汝霖致电蒋介石祝贺,蒋即复电对他表示慰问,还特意将其名字从

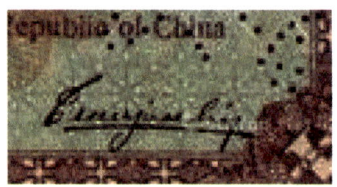

曹汝霖英文签名的交通银行钞券

第二篇 老前辈——印象交通银行的历史人物

汉奸名单中剔除。

曹汝霖在五四运动之后闭门思过,还把名字改为"觉厂",以示觉悟。其后不问政治,布施济贫,积善修德。每年冬季他都要给洋车夫施舍棉衣,救济方式直接独特。他请人在街头选择衣不蔽体的车夫,直接将棉衣塞到其手里,绝不张扬。他还经常施舍棺木,救助贫苦丧家。曹汝霖在北京组建了慈善医院,穷人看病,概不收费。抗战期间这所医院收留了钟惠澜、周华康等著名爱国医生,中国著名的林巧稚大夫也出自这所医院。

曹汝霖常常吟颂宋人戴石屏的《述怀诗》——"人生安份即逍遥,莫问明时叹不遭。赫赫几时还寂寂,闲闲到底胜劳劳。一心水静唯平好,万事如棋不着高。王谢功名有遗恨,争做刘阮醉陶陶",以表达自己的志向。曹汝霖晚年忆及五四运动时说:"此事距今四十余年,回想起来,于己于人,亦有好处。虽然于不明不白之中,牺牲了我们三人,却唤起了多数人的爱国心,总算得到代价……"。曹汝霖1949年去了台湾,1966年8月在美国底特律去世,享年90岁。

曹汝霖从政为官15年,离开政坛后行善修德近50年。然而50年的"彻悟"和修行,似乎也没有挽回早年的毁誉。如果说曹汝霖早年的"自误"和"被误"是他人生的不幸,那也是那个时代国人的不幸,国家的不幸!

第五节
张　謇——力挽狂澜的实业巨子和状元总理

张　謇

状元张謇用一生的实业和事业诠释了"愿成一分一毫有用之事，不愿居八命九命可耻之官"的人生志愿。他一生创办的学校多达370所，企业有20多个。他临危受命开创了交通银行健康发展的新局面。毛泽东说，在中国近代史上，纺织工业万万不能忘张謇。在交通银行历史上，张謇也是万万不可忘记的卓越前辈！

"火车头时代"的交通银行担当了国家银行的重任，作为官家的"嫡系"，除了"吃偏食"享受政府优待之外，还要替政府多担责任和风险。这一时期，社会剧烈动荡，政权更迭频繁，交通银行也多受连累，命途多舛。然而"吉人自有天相"，每次交通银行历险，都有"神人"相助，逢凶化吉，遇难呈祥。张謇就是交通银行的"福星"，他是交通银行历史上力挽狂澜的实业巨子、状元总理；他在交通银行最危难时掌门，以其优秀的人格、超群的威望和非凡的能力，让交通银行转危为安、走出困境，开创了健康发展的新局面。

第二篇 **老前辈**——印象交通银行的历史人物

张謇纪念馆

张謇（1853—1926），字季直，号啬庵，1853年出生于江苏南通一个农家，其父识字不多，其祖父还是文盲。张謇自小聪慧好学，5岁时"命背诵千文，竟无伪"；15岁读完"四书""五经"，做八韵诗，制艺成篇，踏进了科举门坎。然而张謇的科举之路相对坎坷，因"冷籍"（三代无参加科举的人家）"冒籍"等困扰，直到28岁才中秀才，32岁中举人。1894年，慈禧太后60寿辰增设恩科会试，张謇殿试得头名中状元，时年41岁。

中国近代实业家、教育家张謇

105

状元得中,高官任做。张謇本可以过"裘马扬扬"的官宦生活。然而,经历了 26 年科举的寒暑曲折和 30 多次的大小考试,已过不惑之年的张謇深感身心疲惫,对科举产生了反感和厌恶,把官场的功名利禄看得很淡,这也促成了其后兴办现代教育的初衷。特别是当年中日甲午战争爆发,目睹中国积贫积弱被欺辱,张謇产生了"实业救国"的终生主张。

1895 年,张謇借父亡奔丧"丁忧"时机,利用家乡质优价廉的棉花资源,集资 50 万两白银创办了大生纱厂,迈出了"实业救国"的第一步。以后逐步扩张发展,建成了棉纱原棉生产基地。随着资本的积累,进而向农产品加工、港口交通、水利电力等行业发展,建成了中国早期的民族资本工业基地。张謇一生创办的企业有 20 多个,1923 年张謇旗下企业的资本总额达到了 3448 余万元,是当年荣氏家族企业资本总额的 3.5 倍以上。

张謇在兴办实业的同时,按照他"父教育,母实业"的思想,兴办现代文化教育事业。除了一大批农工、师范、医学、工商、测绘等专科学校以外,他兴办的复旦公学、上海高等实业学堂、江苏省立水产学校、同济医工学堂、上海商科大学等,其后发展成为大连海事大学、复旦大学、上海海洋大学、同济大学、上海财经大学等当代中国知名学府。他一生创办的学校多达 370 所。此外,张謇还创建了中国第一所博物馆——南通博物苑,建立了军山气象台,创办了图书馆、盲哑学校等。

第二篇 **老前辈**——印象交通银行的历史人物

张謇于1905年建立的中国第一所博物馆——南通博物苑

张謇于1902年7月开工建设的中国第一所师范学校——通州师范学校

张謇在"实业救国"的经济活动中感到"实业之命脉,无不系于政治"。他积极地鼓吹和参与君主立宪,谋求中国政治体制的变革。他拥护孙中山出任临时大总统,在出任实业总长兼两淮盐政总理时,千方百计、克服困难为临时政府筹措经费。

张謇在创办实业中认识到银行的重要作用,认为,"实业将大兴则银行必兴"。张謇倡议成立了通州储蓄商业银行,筹划成立了南通劝业银行和盐业银行。1919年张謇成立了淮海实业银行,1921年成立了南通交易所。这些为他日后担纲交通银行奠定了专业基础。

张謇出任交通银行总理在1922年,正是交通银行第二次停兑风潮过后生死存亡的时段。当时的交通银行,内部经营陷入前所未有的困境,曹汝霖辞职后的新任掌门人无心在岗,行务任由下属敷衍应付。外部,竞争对手中国银行又采取行动,筹划合并交通银行。时任中国银行商股联合会长张謇的到来,顿时给交通银行带来了希望。因为张謇在政、商两界有良好的声望,威风八面,似乎无所不能。之前汉冶萍公司、轮船招商局等民族企业生存危机的关键时刻,也都是借重张謇的声望而得以保存。

张謇针对交通银行"顽疾"开出了四个良方:一是培植元气,巩固基础,鼓励全行员工以积极进取的心态发展业务;二是行务公开、合力前行,革除官僚习气,重大决策由首脑层集体研究决定,和衷共济;三是营业从商业入手,避免政府强迫借款,新放贷款一律按照商业银行运行法则发放,拒绝军政借款,清理政府欠款;四是精简机构,节省开支,将交通银行60多个分支行处减少为39个,开支减半。

从1922年到1924年,张謇在交通银行担任总理的三年期间,交通银行存款总额由5000余万元上升到7000余万元;造成停兑的政府

第二篇 老前辈——印象交通银行的历史人物

财政借款额减少了 300 多万元;交通银行在张謇上任一年后就扭转了连年亏损的局面,1923 年和 1924 年两年,各盈余 50 余万元。更为可贵的是,张謇治理交通银行用实践证明,商业银行科学正规之路是交通银行健康发展的道路。

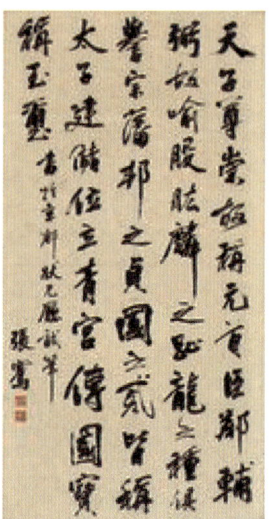

张謇书法及用印

"愿成一分一毫有用之事,不愿居八命九命可耻之官",张謇用一生的实业和事业诠释了自己辞官时的人生志愿。中国近代官场中多了张謇,乾坤难变;中国近代实业中缺少张謇,却万万不可!毛泽东说:"在中国近代历史上,有四个人是我们万万不可忘记的,他们是:搞重工业的张之洞;搞纺织工业的张謇;搞交通运输业的卢作孚;搞化学工业的范旭东。"在交通银行历史上,张謇是我们万万不可忘记的卓越前辈!

1926年8月张謇病逝,享年73岁。

第六节
钱新之——聪明睿智的银行家和打工皇帝

钱新之

钱新之的银行之路起步于交通银行，任职长达32年。他为人处事"中、和"得当，能与各个阶层成功合作。他涉足工商、文教、新闻、信托、保险和银行等，在诸多银行首脑岗位任职，但是始终没有自己的银行。在中国近代十大银行家之中他排位第三，是银行业中的"打工皇帝"。

钱新之是中国近代十大银行家之一，排名在宋子文、张嘉璈之后，位列第三位。他是科班出身的高才生，一生与财经金融结缘。他除了在10多家知名银行和保险公司任职以外，还组建了电力、航空、煤矿、轮船、水电、信托等实业公司；他为人处事"中、和"得当，八方结缘，不仅能得到政界首脑蒋介石的重用，还能与青帮头目等"三教九流"成功合作；他不仅在财经界鼎鼎有名，在文教和新闻界也是名流。钱新之在交通银行任职32年，兢兢业业、成绩斐然，是交通银行历史上贡献非凡的前辈。钱新之蜚声近代金融界30多年，有实践、有理论、有实绩，却始终没有属于自己的银行，是近代银行业中的"打工皇帝"。

钱新之

钱新之（1885—1958），名永铭，字新之，浙江吴兴人，1885年出生于上海。1902年入天津北洋大学学习财经学，因成绩优异，未及毕业就被官方选派赴日本留学。1903年入神户高等商业学校专攻银行学。1908年毕业回国，应邀在南京高等商业学校任教。辛亥革命后，在上海都督府财政部任事。1912年，被派往北京参加接收农工商部，任会计课长。

钱新之的银行之路起步于交通银行，先后两段合计在交通银行任职长达32年，是在岗时间最长的前辈。1916年，钱新之出任交通银行北京总行秘书，开始了银行生涯。交通银行第一次停兑风潮后，新任总理曹汝霖急需人才挽救危局，在大股东张謇推荐下，1917年钱新之出任交通银行上海分行副经理，两年后升任经理。钱新之初出"茅庐"就显示了杰出的金融才能，他大刀阔斧革除弊政，励精图治，使经营速见起色。与此同时，他发起组建了上海银行公会，创办《银行周报》，沟通信息，指导业务，倡导变革，积极推动银行业发展。1920年，钱新之担任上海银行公会会长，之后倡议筹备组建全国银行联合会。同年12月，全国银行联合会第一次会议在上海成功召开。钱新之为上海和中国银行业发展发挥了积极的作用与影响。第二次停兑风潮发生后，曹汝霖迫于各方压力辞去了交通银行总理一职。在交通银行危难之时，1922年6月，交通银行股东总会公推张謇为总理，钱新之为协理。之后，钱新之主持交通银行日常行务，协助张謇续写了交通银行转危为安、扭亏为盈，开创发展新局面的佳话。1925年5月，梁士诒再次当选为交通银行总理,钱新之随张謇被迫辞职,结束了在交通银行第一段 10 年的经历。钱新之在交通银行第二段 22 年的经历从 1928 年到 1949 年。1928 年 11 月,南京国民政府注资改组交通银行,钱新之任常务理事。1938 年 8 月,交通银行董事长胡笔江遇难殉国,钱新之任交通银行董事长兼总经理,在抗战烽火中执掌交通银行,直到 1949 年大陆解放前夕。期间,交通银行在西南、西北开设了大批分支机构,业务得以迅速拓展。他大力推广储蓄,吸收工商存款,发展信托业务,正确评估信贷风险,实行贷后跟踪检查等一系列业务方针。他先后资助了大后方一批重要工矿企业,积极推动了西部工业发展。在交通银行履职的同时,钱新之还在四行储蓄会和四行准备库、中央银行、中汇银行、中法工商银行、中国银行担任理事、常务董事、协理、总经理、董事长等职务,是金融界德高望重的权威人物。

钱新之看好国内保险事业。1926 年,他发起组建了安平水火保险公司;1943 年,他主导交通银行联合川康银行、新华银行、民生实业等公司,成立了太平洋产物保险公司,震动了国内保险界,钱新之在这个公司担任总经理,其后这个公司成为中国四大官僚保险机构之一。1948 年,钱新之联合杜月笙等创办了中国航联意外责任保险公司和中国航联产物保险公司,杜月笙是这两家公司的董事长,钱新之是两家公司的董事会和监事会成员。

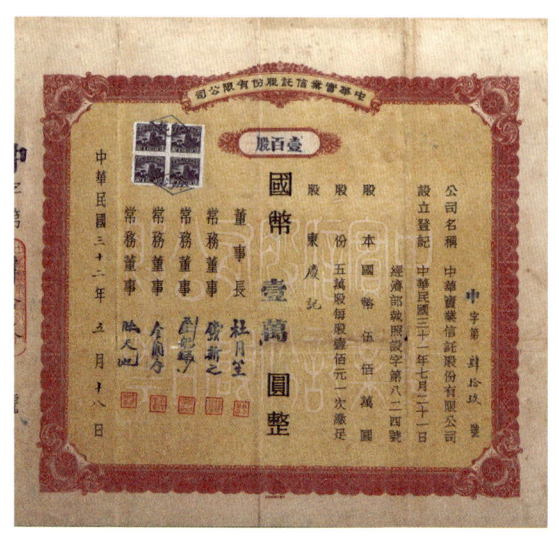

杜月笙为董事长、钱新之为董事的中华实业信托公司股票

钱新之大力兴办实业和教育。他还兼任山东枣庄中兴煤矿公司总经理,中兴轮船公司、闸北水电公司、中国盐业公司董事长,中华实业信托公司、通济公司常务董事,中华职业教育社理事长,私立复旦大学校长,《新闻报》董事长等职。

钱新之业绩超群,除了自身是行家,精通业务的原因以外,与他为人处事"中、和"得当,能与各层次、各阶层名流合作,和而不同是密不可分的。钱新之与年长自己32岁的实业巨头张謇一见如故,一起共同探讨发展民族工业大计,并为其起草计划和章则,不仅得到张謇赏识和推荐,还促成了日后携手共兴交通银行的佳绩。钱新之通过同乡结识了蒋介石,在北伐关键时刻施以"滴水"相助,日后得到了"泉涌"回报:其担任浙江省政府财政厅长、国民政府财政次长、法国公使、国民第一届参政员、美金公债劝募委员会主任委员以及交通银行董事

第二篇 老前辈——印象交通银行的历史人物

长等要职都是蒋介石的悉心关照。而对于蒋介石邀约加入国民党,他又婉言谢绝。钱新之帮助杜月笙开办了银行,让流氓大亨摇身变为银行家进入"上流"社会,促成了"终身不渝"之交,且"强强"合作,佳绩频传。钱新之参与成立了中国戏剧协进会,资助国粹京剧走出国门,与梅兰芳是好朋友。上海图书馆被日机炸毁后,他与沈钧儒等社会名流奔走呼号,呼吁重建。人们对钱新之的印象是,"待人谦和,出言不俗,不卑不亢"。钱新之兼职多,但不挂虚名,每日必到办公室伏案,出入公文要件必亲自批阅,有空还研究业务原理,有一贯认真严谨的职业态度。

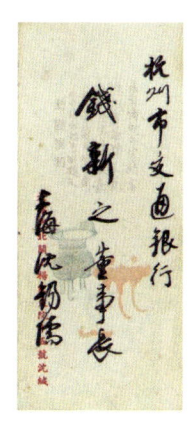
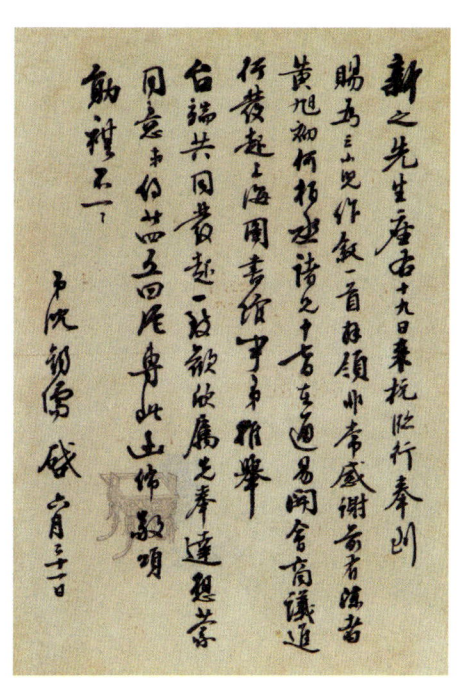

沈钧儒给钱新之的信函

上海图书馆　　　　　　　钱新之给复旦大学的题字

1949年上海解放前夕，钱新之去了香港。新中国成立后，经整顿的交通银行董事会中，仍然保留了他的董事席位，但他终未回来。1958年6月19日，钱新之在台北去世，终年73岁，一代金融大家走完了不凡的人生旅程。

第七节
卢学溥——最后的总理和第一位董事长

卢学溥出身名门望族,是人才辈出的浙江乌镇人。中国近代文学巨匠沈雁冰(茅盾)是他的表侄和学生。他是交通银行历史上最后一位总理和首任董事长,是唯一一位既做过总理又做过董事长的掌门人。卢学溥是近代中国金融界德高望重的元老,著名的金融专家。

卢学溥是交通银行历史上最后一位总理,也是第一位董事长。总理和董事长都是银行里的一把手,但是在他这儿划了时代,之后交通银行再无总理职位。因此,卢学溥也是交通银行史上唯一一位既做过总理又做过董事长的掌门人。

卢学溥

沈雁冰(茅盾)(卢学溥的表侄、学生)及手迹

民国十七年（1928年11月），南京国民政府新颁《交通银行条例》，通过财政部加认官股和增设官股董事对交通银行进行了第一次改组，即实行专业化改革。改组后设立董事长一职全面综理行务，取代原来的总理。当时，交通银行的董事长由财政部指派，董事长同时还担任董事会、行务总会和股东总会主席。1928年12月，正在交通银行代理总理一职的卢学溥被财政部指派为董事长，成为交通银行历史上的第一位董事长。

南京国民政府财政部选定卢学溥为交通银行董事长，是强化管控交通银行的重大举措，十分谨慎和慎重，卢学溥当年是中国金融界德高望重的元老，著名的金融专家。

卢学溥(1877—1956)，字鉴泉、洞泉，又字涧泉，浙江桐乡乌镇人。卢学溥的祖籍是浙江东阳，祖上在清康熙年间迁至青镇（乌镇）经商，其家道殷富，为当地望族。卢学溥幼承家学，勤学敏思，24岁中举人，26岁赴京会试落第。1911年入南京财政金融界，崭露头角。曾任两江督署外交科长。辛亥革命后，出任奉天教育厅和北洋政府财政部秘书、临时政府财政部公债司第一科长，财政部制用局机要科长、公债司司长，曾参与制订公债条例、整理国内公债。1921年至1922年，卢学溥任北洋政府财政部次长，兼任北京新华银行常务董事。1917至1937年，任中国银行监察人等职。1918年，卢学溥参与发起永亨银行，任董事。1923年，参与发起浙江实业银行。1925年，任财政善后委员会委员长。财政金融界里的多年摸爬滚打，为卢学溥积淀了丰厚的专业基础和实践经验，使他拥有了业界名望。

第二篇 老前辈——印象交通银行的历史人物

卢学溥为董事时的浙江实业银行股票

1925年梁士诒第二次担任交通银行总理,力邀卢学溥为协理。他们二人同心协力打理交通银行,渡过了经营难关,取得了不俗的业绩。1928年梁士诒辞职后,卢学溥代理交通银行总理6个月至年末官股改组,被财政部指派为交通银行第一任董事长。卢学溥经营果断,有魄力,深得上层赏识,在交通银行任职期间还兼任浙江实业银行的常务董事。孔(祥熙)、宋(子文)家族图谋独揽全国银行大权,觊觎夺取卢学溥手中的权力,但是又顾及卢学溥在银行界的威望,便委以中央造币厂厂长、招商总局监事会主席、中国银行监事会主席等虚职。卢学溥看

透其用心，遂自行辞职，专心经营浙江实业银行，使之成为实力雄厚的私人银行，成为当时蜚声于中国银行界的"南四行"之一。1932年6月，卢学溥当选为全国财政委员会委员。1933年，国民政府对交通银行进行第二次改组，卢学溥辞去董事长一职，改任上海造币厂厂长。

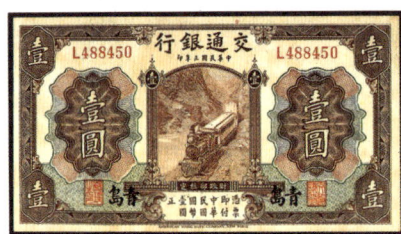

印有卢学溥英、汉文签字的交通银行钞票

抗日战争期间，卢学溥隐居上海，深居简出，托病住院拒绝日伪胁迫任职。1945年，卢学溥任浙江实业银行董事长。抗战胜利后，兼任永亨银行常务董事。大陆解放后，兼任永亨银行、大陆实业公司董事长，盐业银行和中国银行董事、监事等职。1952年，大陆银行实行公私合营，卢学溥任中国银行监察等职。1956年12月25日，卢学溥在上海逝世，享年80岁。

卢学溥是乌镇名人。卢学溥的家乡浙江乌镇，地处两省三府七县之交界，自古就是人杰地灵、名人志士辈出的地方。这里自宋朝到清朝的 1000 多年间，共出贡生 160 人、举人 161 人、进士及第 64 人，另有荫功袭封者 136 人。乌镇古代最大的名人是南北朝时期梁朝的昭明太子萧统，他在乌镇筑馆读书多年，编撰了《昭明文选》，此书是中国文坛可与《诗经》《楚辞》并列的著作。卢学溥作为近代银行家名列《乌镇名人大家表》之中，表中还有他的表侄、中国近代文学巨匠沈雁冰（茅盾）。卢学溥的祖父曾在乌镇开设过现代学堂，卢学溥曾在该学堂担任堂长，幼年时的沈雁冰便就读于此。当年卢学溥就对这位表侄的文学才华大加赞赏，曾作批语："十二岁小儿能作此语，莫谓祖国无人也！"。

卢学溥捐资修缮过的乌镇古迹——分水墩

卢学溥家乡乌镇风光

卢学溥家乡乌镇风光

卢学溥热心乡梓建设,早年捐资修缮了乌镇寿圣塔、分水墩等古迹,还购书寄赠植材学校。1933年,卢学溥继承祖父遗志续修《乌青镇志》,亲自总纂,历时3年多,耗资1万余元。这部《乌青镇志》,人称"卢志",共44卷,分订线装木版本12册,封面由书法大家叶恭绰题写。志中有工商、教育、选举、大学生、两庑先儒、才媛、大事记、存疑和旧序等章节,为乌镇留下了极为珍贵的历史文献资料。

第八节
胡祖同——克己奉公的第一位总经理

胡祖同

胡祖同对金融市场了如指掌,个人获利易如反掌,但是他从不经商投机,对业界内情守口如瓶。他克己奉公,廉洁敬业,爱行爱国,是金融界的楷模。对员工,他是领导,是师长,也是挚友,有高尚的情操和高雅的情趣,是金融界的人杰!他的人生只有短短不到49年,但是其美德应传颂得很长,很长!

在中国近代,民国时期的银行家大多都有留洋经历,留洋之前又大多接受过中式传统教育,他们拥有扎实的国学根底,树立了洁身自好、克己奉公、兴邦创业的人生观。这种学贯中西的学识素养和道德品质,使他们在日后身兼政、学、商多重身份时,为人处事"中、和"得当,令人赞叹钦佩。交通银行历史上的第一位总经理胡祖同,便是这样一位品学兼优、事业和品德都十分出色的可敬前辈。

胡祖同(1888—1936),字孟嘉,浙江宁波人。他幼年聪敏,10岁即能背诵《左氏春秋》,14岁时跟随教授国学的叔父入上海南洋公学就读,18岁通过了公派考试,赴英国伯明翰大学专攻经济学,获得

经济学硕士学位。1912年,胡祖同学成归国,先为浙江海关监督,后在杭州政法学院和甲种商业学校执教,著有《经济学讲义》《国际商法析义》等书。"尘世寄身三十年,文章功业两茫然。养成遍体崚嶒骨,来日乾坤待仔肩。"这首胡祖同于30岁生日时吟诵的抒怀诗,充分显现了其中国传统知识分子的铮铮傲骨和报国图强之志。

印有胡祖同("孟嘉"字样)签字的交通银行钞票

胡祖同1921年进入交通银行,初任上海分行国际业务部主任,之后随着业绩增长职务一步步提升,1928年南京国民政府第一次改组交通银行时胡祖同出任总经理,成为交通银行历史上的第一位总经理。胡祖同到交通银行上任之前,自1919年始还在浙江兴业银行任副经理。胡祖同任总经理期间,是交通银行历史上发展的黄金时期。因他学识渊博,声名卓著,被推举为中国企业银行发起人、董事,上海银行联合准备会委员,上海银行公会主任委员、会长,上海市银行理事,国华银行监察人,中国国货银行董事,全国公债委员会和银行币制委员

第二篇 老前辈——印象交通银行的历史人物

会委员。同时,他还兼任工部局华董、招商局监理、四明公所董事,以及交通大学、大夏大学、光华大学校董等职。1933年,胡祖同从交通银行离职,任中央银行国库局总理。1935年,交通银行改组,胡祖同任常务董事,同年任新华银行董事。1932年"一·二八"事变后,胡祖同发起设立了上海银行业同业公会联合准备委员会,任常务委员。1935年,胡祖同兼任中国实业银行总经理。1936年6月,胡祖同病逝。

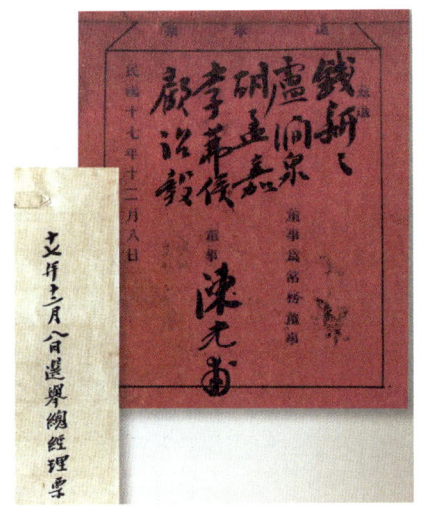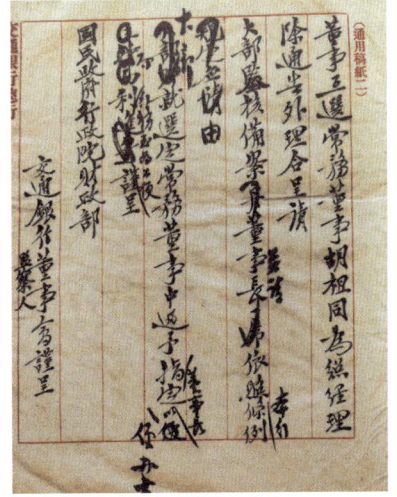

选举交通银行总经理选票及胡祖同当选的呈报草稿

胡祖同是交通银行外汇兑换业务的先驱。他主持交通银行国际汇兑业务期间,利用其在汇丰、麦加利等外资银行中的社会资源网络,以及委托代理外汇收支、信用等业务,获得外汇调拨、兑换等利益,建立起交通银行的国际汇兑业务体系,使国际汇兑业务初具规模,信誉日隆,扭转了交通银行业务在国内北盛于南的局面。

印有胡祖同英文签字的交通银行钞票

第二篇 老前辈——印象交通银行的历史人物

胡祖同革故鼎新,拓展业务,对交通银行发展厥功至伟。他担任总经理期间,在总管理处增设了设计部,这个部门相当于现在的研究部(《交行通信》即为该部所编),延揽人才,力图振兴。1931年延聘上海钱业领袖担任交通银行上海分行经理,增强了交通银行的实力。又在陕甘两省增设支行,贷款农业、改良棉种,开发泾渭二渠,兴修水利,还增强了对本土工商企业的贷款支持。其间,交通银行还与中央银行和中国银行联合,领导华商银行和钱庄与外资银行竞争抗衡。

胡祖同在国家民族危亡关头,舍我取义,高风亮节。1931年"九一八"事变爆发后,胡祖同积极筹集资金和物资支援前线,组建伤兵医院、难民收容所。他节省家中开支,购置食品送往前线,发动邻里赶制前线御寒棉衣,还组织子女护理伤兵。胡祖同为抗战奔走呼号,积劳成疾,大病数月伤及元气,最终酿成后患。

胡祖同文化情趣高雅,人格魅力高尚。他喜好读书,英语流畅,能诗善文,国学功底深厚。亲朋好友请他撰写传记、寿序、墓志铭等,一概有求必应。胡祖同尤爱书法,笔力遒劲,有求其墨宝者,均能得到满足。胡祖同平易近人,属下及职员不论公私相见,无不热情接待,如有困难相求,皆倾力帮助。

胡祖同最为难能可贵的是他克己奉公的品质和职业操守。他是业界的领袖、交通银行的总经理,但是从不放松对自己的严格要求,总是身先士卒,带头恪守行规。他每日必定准时到岗上班,辛勤劳作。他常工作到很晚,夜以继日。他公私分明,不图私利,虽然对金融、证券市场了如指掌,从中获利易如反掌。但是,他从不经商,不做投机,对业界内情守口如瓶,是金融界的楷模。他严格自律,从不随意支用公款,酬酢交际常是费用自理。他倡导勤俭持家,严格要求子女,

儿女布衣芒履，徒步上学。胡祖同身后无余财，是金融界真正的人杰！

　　胡祖同的人生只有短短不到 49 年，但是其为人处事的美德和高尚的职业道德，应该传颂得很长，很长！作为中国现存最老的银行，交通银行应该拥有中国银行界最美的精神，应该留有中国银行界最宝贵的精神财富，传承中国银行界最宝贵的职业道德和优秀品德！

第九节
胡笔江——为国捐躯的中国金融巨子

胡笔江

胡笔江是抗战中为国捐躯的中国金融巨子。他是在中华民族生死存亡最危险的时候为国捐躯的交通银行领袖,他的死在唤起全民族抗战激情的同时,也为交通银行的历史增添了血染的风采。

1938年8月24日上午,从香港起飞的中国民航客机"桂林号"在广东上空遭到5架日本战斗机的伏击,客机中弹起火,迫降在广东中山县内一河滩上,机上人员撤离时,日机又轮番俯冲扫射……日寇使用军机袭击民航客机,光天化日之下犯下了令人发指的国际罪行。然而,不顾国际社会谴责,日本竟恬不知耻地宣扬"打掉中国金融巨头的大胜利"。其称的"中国金融巨头",就是时任交通银行董事长的胡笔江,当时他在香港坚持抗战,当天奉命回重庆商讨战时金融计划,日寇截获了消息,谋划了这次屠杀。胡笔江遇难殉国,时年57岁。

穿着清朝官服的胡笔江

胡笔江之死,震惊中外。国共两党都发了唁电,国民政府追认他为烈士,颁发了褒扬令。1938年9月4日,国民政府在武汉举行隆重的追悼大会,高度评价胡笔江的生平以及对战时经济和金融事业的贡献。同日,上海、汉口和香港等地下半旗致哀。董必武代表中共参加了追悼会,毛泽东、朱德、彭德怀都送了花圈挽联,毛泽东的挽联称胡笔江为"金融巨子"。

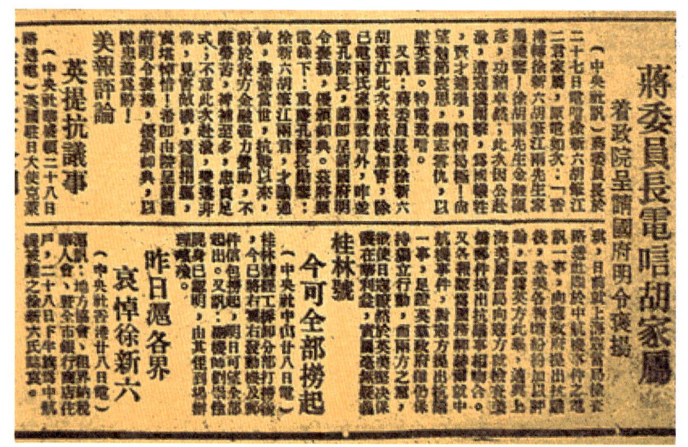

报载蒋介石悼念胡笔江的唁电新闻

胡笔江之死,让战时中国金融界痛失巨子,交通银行牺牲了才华横溢的掌门人。他是在中华民族生死存亡最危险的时候为国捐躯的交通银行"一把手",他的死在唤起全民族抗战激情的同时,也为交通银行的历史增添了血染的风采。

第二篇 老前辈——印象交通银行的历史人物

胡笔江（1881—1938），名筠，字以行，出生在江苏江都县胡家墩一个钱庄店员的家庭。胡笔江年幼多病，10岁才入学。虽然他只读了几年私塾，但却练就了一手颜体好字。胡笔江不到15岁就入钱庄做学徒，3年学徒期满即成为票号店员。与出身名门和有留洋经历的历届交通银行掌门人相比，胡笔江是出身贫寒的"草根"。然而，胡笔江天资聪颖，刻苦勤奋，擅抓机缘，特别是拥有十几年钱庄票号打工的历练，弥补了不足，令其出类拔萃，木秀于林。

胡笔江故居

胡笔江初始打工的扬州仙女庙镇义善源钱庄，就是后来交通银行首任总理李经楚的私家钱庄。在此他结交了李经楚的族弟、李鸿章的儿子李经迈。经李经迈介绍，胡笔江于1910年到了北京，先在陆军部公益银号当职员，后又转到交通银行。在交通银行，胡笔江遇到了

人生的"伯乐"——总理梁士诒。梁士诒视其为难得的人才,倍加厚爱。很快,胡笔江成为梁士诒的心腹,不断得到提拔。1914年,胡笔江升任北京分行经理,坐到了分行一把手的职位,业界称他为"交行一秀"。

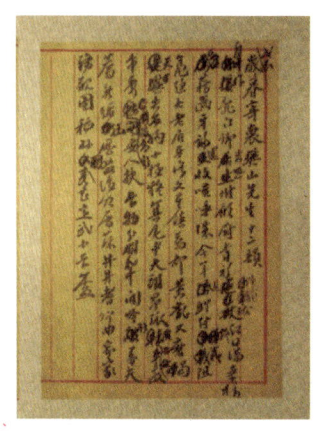
胡笔江手迹

胡笔江(胡筠)为董事的交通银行股票

1921年7月,胡笔江离开交通银行,来到中国金融中心上海,他帮助归国富商黄奕住创办了拥有钞券发行权的中南银行,并担任总经理一职,从此开始了他作为中国近代银行家的人生奋斗。在他的积极经营下,中南银行联络盐业、金城、大陆银行联合营业,联合发行钞票,成立了"四行准备库"和"四行储蓄会"。这四家银行后来成为中国银行界颇有影响的银行集团,被称为"北四行"。中南银行发挥侨资优势,开拓汇兑业务,跻身国际市场,成为国家指定的外汇经营银行。中南银行投资成立了太平洋保险公司,规模效益超过了中保,是华商同业之冠。中南银行开业四年,分支机构遍及国内主要城市,存款额增长了近10倍,成为最大的侨办金融企业。胡笔江决策中南银行投资上海新裕纺织公司、永利化学工业公司、上海诚孚铁工厂等实业,大力扶持民族工业。胡笔江在极其复杂的社会环境和金融风潮中,胆大心细,巧于周旋,精心经营,终于成为中国一代金融巨子。

1933年,国民政府第二次改组交通银行,胡笔江辞去中南银行职务,接受了国民政府的任命,出任交通银行董事长。重返交通银行让胡笔江的人生事业步入了巅峰期,他积极推行国民政府金融改革,实施法币政策,组织召开股东会修改章程,强化董事长的经营权力。同时他还在中国、交通、金城、上海等银行联合投资成立的中国棉业公司、化南米业公司等大企业任常务董事,兼任新华、金城、江苏典业等银行的董事。在此期间,胡笔江是交通银行的最高行政长官,也是中国金融界的领袖。

印有胡笔江签名的交通银行钞票

胡笔江对金融市场有细微的洞察和准确的判断。民国发生金融危机时，交通银行遭受了两次挤兑停兑危机，其间股票价格暴跌过半。胡笔江认为以交通银行的地位以及与政府的权益和利益，危机定会度过。于是联系业界人士趁低购进交通银行股票，结果如其判断，风潮过后，赚得盆满钵满。

胡笔江积极参与抗日。1932年上海"一·二八"事变之后，他参加了上海地方维持会、上海战区善后委员会和废止内战大同盟的活动，捐款救济伤兵和战区同胞，进行善后建设，呼吁停止内战。1937年7月，抗战全面爆发，胡笔江参与上海各界抗敌后援会的活动，为抗战募捐，并通过交通银行融放资金，支援抗战。胡笔江为国家战时经济组织和企业西迁制定方案、组织资金，发行救国公债，发放长期贷款，稳定全国金融，他领导的战时金融部门成为国民政府事实上的全国金融领导机构。在炮火纷飞的上海，他坚持工作，直到上海全部沦陷，才按照财政部的命令搭乘法国轮船秘密离沪赴港。在香港，他遥控指挥交通银行，直到为国捐躯。

上海延安中路881号胡笔江住所

第二篇 老前辈——印象交通银行的历史人物

胡笔江组织兴建的 24 层国际饭店傲视上海滩

"忠于事、恕于人,血性论交,常披肝胆肺腑至诚以相见;敌之仇、国之宝,奇才招忌,竟历刀兵水火诸劫而成仁。"这副悼念胡笔江的挽联是对胡笔江一生极为准确的概括。

第十节
唐寿民——拎一把阳伞闯天下的银行家

唐寿民

"草根"唐寿民,拎一把阳伞闯天下,靠个人打拼挤入社会上流,成为中国近代金融大家。然而,"一失足成千古恨",当了汉奸,覆水难收,于事无补。"技高人胆大、天不怕地不怕,赤条条来去无牵挂",是他出人头地的渊源。他洞察时局擅抓时机,拼搏顽强的处世态度,却也令人肃然起敬!

唐寿民(1891—1974),江苏镇江人,一介布衣,从最底层干起,金融生涯充满传奇;他拎一把阳伞闯天下,成为那个时代远近闻名的银行家;他有洞察时局、擅抓时机、拼搏顽强的处世态度。虽然他有被捕变节的经历,但人无完人,从这些方面来看,却也令人肃然起敬!

唐寿民是充满传奇的近代银行家。唐寿民的"出道"与他同时代绝大多数中国金融才子大相径庭。他少年家境贫寒,没有进过正规学校学习,更没有留洋的经历,仅仅读过几年私塾,14岁就到钱庄学徒谋生了。世事多变,他只身带把阳伞在金融圈子里漂泊闯荡,钱庄和银行里的办事员、出纳员、会计、司库、总簿记,他都干过。凭着天

第二篇 老前辈——印象交通银行的历史人物

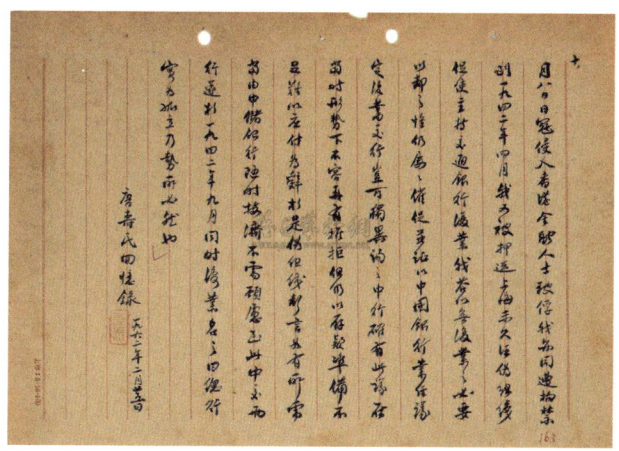

唐寿民回忆录

生悟性和吃苦耐劳的精神,他把银行里的大事小事都搞得烂熟于心,各种业务都很精通,最后银行里的老老少少对他都很敬畏。上世纪30年代,20多岁的唐寿民已是银行界呼风唤雨的人物,他在华洋杂处、万商林立的上海滩站稳了脚跟,业界前辈也仰其鼻息。唐寿民担任过上海商业储蓄银行(上海银行)副总经理兼汉口分行经理、上海造币厂厂长、中央造币厂厂长、中央银行理事、常务理事兼业务局总经理、国华银行总经理、交通银行上海分行经理、交通银行总经理、大通煤矿公司董事长等等,是当年"江浙财团"中的重量级人物,上海滩上声名显赫的银行家。

唐寿民书法手迹

第二篇 老前辈——印象交通银行的历史人物

唐寿民处世义气、大胆、果敢。"技高人胆大"在唐寿民身上尤其突出,加上他"草根"出身,很有些"天不怕地不怕,赤条条来去无牵挂"的精神。1926年,北伐军打到武汉时粮饷匮乏,面对筹措军饷的宋子文,各家银行的当家人都不敢贸然借款下"赌注"。前去参加筹款会的唐寿民先斩后奏带头拍板认购了国民政府公债,还为宋子文筹款出谋划策,促成了银行界支持北伐军的局面,解了北伐燃眉之急,赢得了个人的政治资本,从此也有了强硬后台。等到北伐军攻克上海成立中央银行时,宋子文立刻让他当上了常务理事兼业务局总经理,并为之谋划了初创时的一切。后来,宋子文对他也是格外看待,关照有加。上世纪30年代初,上海荣氏家族遇到经营危机,资金链断裂。这时已升为交通银行总经理的唐寿民,仗义出手相助,使之转危为安。荣家感恩不忘,在唐寿民后来落难时也出手相济。1932年,"一·二八"淞沪抗战时期,蔡廷锴、蒋光鼐将军率十九路军浴血抵抗入侵日军,与日军激战三个月,收到了国内各界捐款300余万元。唐寿民果断出手为之理财。1941年底,日军突然攻占香港,正在香港组织印制钞票的唐寿民被困在了香港。关键时刻,他临危不乱,果断下令销毁了印好的钞票,避免了巨款落入日军之手酿成殃及全国的灾祸。

唐寿民在交通银行钞票上的汉字（寿民）和英文签名

　　唐寿民"一失足成千古恨"当了汉奸。抗日战争时期上海沦陷后，交通银行总管理处撤至汉口，后又撤至重庆，时任交通银行董事长的胡笔江和总经理唐寿民则撤至香港主持业务。1941年12月香港沦陷，唐寿民在化装出逃时被捕。唐寿民被日军囚禁了115天，期间他曾欲

第二篇 老前辈——印象交通银行的历史人物

跳楼自杀。1942年4月，唐寿民被日军押回上海，但仍然没有自由。之后，唐寿民在周佛海的拉拢下，出任了汪精卫伪政府的中国商业统制会会长，成了汉奸。他在上海主持了汪伪交通银行复业，任董事长兼总经理。为了表白自己并非汉奸，抗战期间，唐寿民向军统提供日军情报，并以此与重庆的国民政府建立了联系；他还通过潘汉年的秘密渠道为新四军提供战时紧缺物资。抗战胜利后，唐寿民以汉奸罪被判处无期徒刑，经上诉最后改为有期徒刑8年。1949年初，国民党特赦政治犯，唐寿民出狱，实际服刑3年多。之后，唐寿民放弃了移居海外的机会，在国共政权更替时选择留在了上海。新中国成立后，1953年人民法院重新起诉唐寿民，并判处其有期徒刑10年，先是缓刑，后改为管制。落寞下来的唐寿民足不出户，终日以麻将游戏消磨时光。晚年的唐寿民，虽然内心苦闷压抑，但是秉性不改，还是常说："我是带一把阳伞出来学做生意的，赤条条来去无牵挂，没有什么好后悔的！" 1974年唐寿民在上海病逝，终年82岁。

贫苦出身的唐寿民，靠个人打拼挤入社会上流，成为中国近代金融大家，难能可贵！然而，唐寿民在人生关键时刻失足，留下了洗不掉的人生污点，十分遗憾！客观公正地评价，斯人平生还是有许多可圈可点之处。1934年4月，唐寿民出任交通银行总经理，他提出的"整旧营新，推广储蓄，发行独立"的经营思路，从资本构成、人事管理和业务经营等方面对交通银行进行了改革。他亲自带队考察中国西北，制定了交通银行沿陇海铁路向西发展的经营决策，对交通银行发展起到了积极推动作用。就是在上世纪50年代，他服刑被管制期间，还把一生收藏的近500件文物字画捐献给了国家，这些文物后来成了他家乡镇江博物馆新中国成立后出土文物以外的馆藏精品。

第十一节
谢 霖——中国现代会计的创始人

谢霖是中国现代会计的创始人,其贡献是全方位的,他引入西式记账方式,订立了中国第一个《会计师暂行章程》,创办了中国第一个会计师事务所,编写教材培养新式会计,从理论到实践成绩斐然。谢霖趋新、严谨、务实、执著、正直,为世人留下了满满的正能量。

谢霖(1885—1969),字霖甫,江苏武进人,是交通银行著名的总会计,对交通银行和中国现代会计的贡献是无人可以替代的,因为他是中国现代会计创始人。

不同时期的谢霖

谢霖对中国现代会计的贡献是全方位的。

谢霖是中国现代会计的创始人和奠基人，他引入的西式"借贷复式记账"，让中国传统的单式记账实现了革命化的转变和发展，奠定了中国现代会计学的基础。谢霖是中国现代会计的播种人，他编写的《银行簿记学》《簿记学》《改良中式会计》《实用银行簿记》《实用银行会计》等教材，结合中国实际进行指导推广，既实用又适用。谢霖是中国会计师制度的创始人，他上书国民政府建议设立"中国会计师制度"，起草订立了中国第一个《会计师暂行章程》。谢霖是中国第一个会计师事务所"正则会计师事务所"的创办者，"正则"的分支机构遍布中国南北，在国内20多个大中城市开展执业会计师业务。谢霖是中国现代会计的理论家，写有《银行会计》《会计学》《成本会计》《铁道会计》《审计学要义》《商人通义讲义》《现行公司法要义》《现行票据法要义》《海商法要义》《破产法要义》《实用政府会计》《实用基础簿记》等著作，这些是中国现代会计的理论财富。谢霖是中国现代会计的教育家，是北京大学、上海商学院、光华大学、复旦大学、光华大学、四川大学、成华大学、川康农工学院、四川省会计专科学校等十多家著名院校的财会教授，他为中国培养了第一批新式会计人才，还是美国加利福尼亚州立大学的名誉博士。谢霖是中国现代会计的实干家，是中国第一个会计师。他除了担任中国银行、交通银行总会计和中央银行秘书长职务外，还担任过大清银行总司帐、孙中山陆海大元帅府的会计长。谢霖与外商谈判议价，被其专业才干折服的外商称他是"世界上最有能耐的会计师"。谢霖用精算的经济账讨伐日寇罪行，唤起大众爱国热情。

西南财经大学内的谢霖铜像
（1937年日本入侵上海，谢霖在蓉筹办光华大学分部，现为西南财经大学）

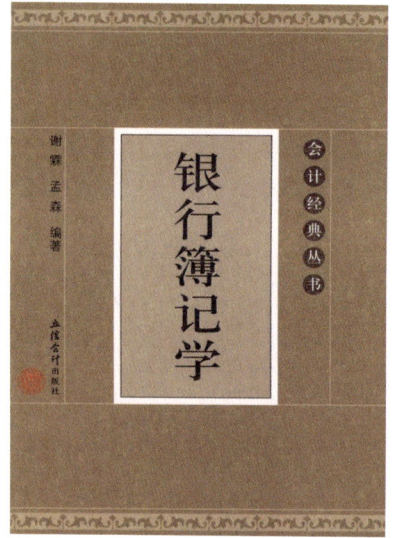

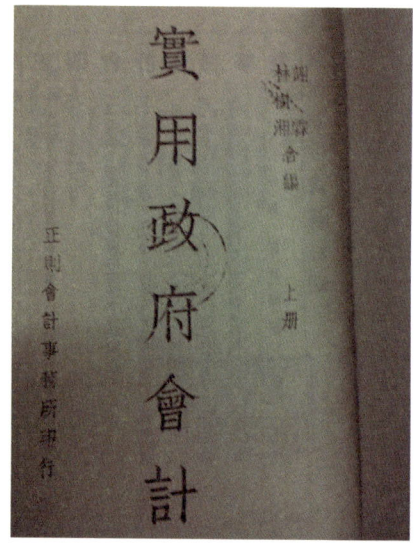

谢霖著作

第二篇 老前辈——印象交通银行的历史人物

谢霖少年赴日本攻读明治大学商科，获商科学士。1904年回国应试经济特科，获清政府商科举人学衔。因才华过人，谢霖受到高层重视，得以重用。他先后被派任大清银行总司帐、四川总督署文案委员、四川劝业道商务科长等职。谢霖自1917年进入交通银行到1925年5月辞职离开，前后在交通银行履职8年，在三个方面作出了突出的贡献。

一是为交通银行改良中式簿记。他领导改组了交通银行账簿组织，引进西式账页的横写方式和阿拉伯数字，改"收付"为"借贷"，将中国传统现金收付记账法改革为借贷记账法，即复式记账法。这一改革成效显著，使交通银行的会计业务走在了中国金融界的前列，成为改良中式簿记的先驱者。

二是担任交通部投资的戊通公司总经理。这是家官商合办的航运公司，公司董事中有梁士诒、曹汝霖、任凤苞等交通银行高管。谢霖从1919年4月1日至1922年2月9日在这家官商合办的航运公司担任总经理，其间他以扎实和务实的工作保证了交通银行在这家公司巨额贷款的安全运营，使之保持了良好的经营状况和丰盈的利润。

三是参与交通银行商业化改组整顿。1922年1月，谢霖接受国民政府交通部委派，代理交通银行帮理并兼任业务课主任；6月当选为董事；8月接受董事会的聘任担任总秘书。当时总秘书是这一时期特别设立的职务，唯交通银行历史上首设，其职责是代表总理、协理和帮理指挥各股事务。时任交通银行总理张謇和协理钱新之，与谢霖都有深厚的友谊，对谢霖都十分信任，对他都有很高的评价，也都把大量重要行务交由他办理。在张謇、钱新之主持交通银行期间，交通银行扭亏为盈，度过了经营难关，实现了向商业化经营的转变。在此过程中，谢霖发挥了重要作用，功不可没。

谢霖英文签字（左下）的钞票

1925年5月，梁士诒再次当选为交通银行总理，张謇、钱新之被迫辞职。谢霖按照事前与他们"进退与共"之约，也辞职离开了交通银行。不久，谢霖担任了中央银行秘书长。

第二篇 老前辈——印象交通银行的历史人物

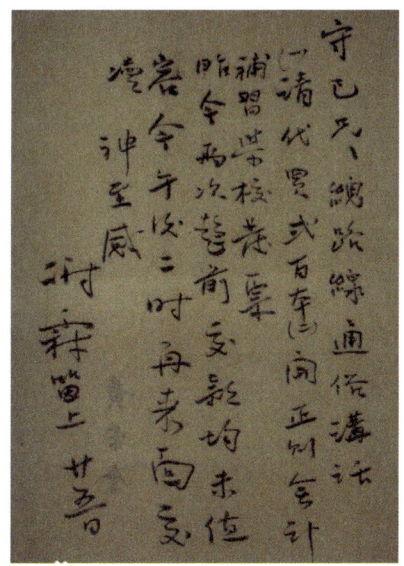

谢霖手迹

谢霖处事豁达,行为果决,阅历丰富,治学严谨,待人友善,生活节俭,品行高洁,是近代金融界的人杰,有良好的口碑和卓越的成绩。新中国成立后,谢霖担任过成都市商业局顾问、市人大代表,四川省工商联委员、省政协委员等职。1956年,谢霖被错划为"右派",他的正则会计补习学校也因此停办。"文革"期间,他再次遭受迫害。1969年2月,谢霖含冤辞世,享年84岁。

"谢世抱憾催泪扼腕,甘霖润物汗青流芳。"老前辈谢霖一生追求进步,勤奋创新,给后人留下了满满的正能量。他树立了近代中国金融人又一个光辉的楷模,成为交通银行后人学习的榜样。

第十二节
金国宝 —— 中国近代统计学奠基人和票据贴现第一人

金国宝

金国宝是学贯东西、文理兼备的知识分子楷模。他是中国近代统计学的奠基人,也是中国近代票据贴现第一人,还是诗人、中国翻译列宁文著的第一人。一代"国宝"级人才,筑就了交通银行百年基业;交通银行腾飞图强,离不开"国宝"型人才!

"火车头时代"的交通银行,汇集了一大批时代奇才,他们身上聚集了数千年中华文明的正能量,汲取了近百年西方文明的精华,有远见卓识,有朝气蓬勃的创新活力和崇高的人生境界。他们在交通银行的大舞台上,倾情投入,奋勇拼搏,上演了光辉灿烂的人生一幕。金国宝就是他们中的一个典型,他是中国近代统计学的奠基人和票据贴现第一人,学贯东西,文理兼备,堪称中国知识分子的楷模。

第二篇 老前辈——印象交通银行的历史人物

金国宝（1894—1963），字侣琴，吴江同里人。他少年时读私塾，有古诗文的扎实功底，后入师范学堂求学，有了教育理论基础。1914年，金国宝考入复旦公学，并在这所重视外教和国学的学校受到了西式教育，打下了国学根底。1917年，金国宝毕业回家乡中学任教。1922年，他以优异的成绩得到资助，赴美国哥伦比亚大学主修统计学，获得硕士学位。回国后，金

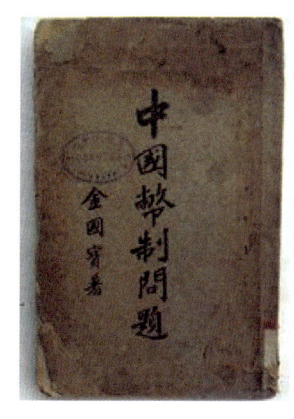

金国宝著作《中国币制问题》

国宝在中国公学、复旦、暨南等大学教授统计学，并任复旦大学校董和国立上海商学院教务长等职务。期间，金国宝编写了《统计新论》《物价指数浅识》等教材，把统计学引入国内，成为中国近代统计学的奠基人。1930年，金国宝当选为中国统计学社副主席。1934年，金国宝出版了《统计学大纲》，这本书成为国内大学的教科书。1947年，金国宝参加了第二十五届国际统计学会，他提交的论文《四川九县户口普查》令中国在国际统计学界有了一席之地。

金国宝注重统计学在经济领域的应用，在财经方面也有理论、有实践、有建树。他著有《中国经济问题之研究》《凯恩斯之经济学说》《统计学》《中国棉业问题》等书。1927年南京国民政府成立后，他在财政部任科长。1928年，他受国府大学院院长蔡元培之邀，以访问学者身份赴欧美考察和学习人口统计，历时一年。1929年8月，他被委任为南京市财政局局长。1930年，他还曾去日本考察过地方财政。

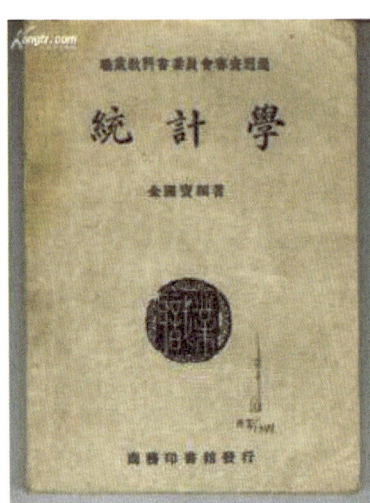

金国宝的学术著作

金国宝是中国翻译列宁文著的第一人。他翻译的《鲍尔雪维克之所要求与排斥》，发表在1919年9月1日出版的《解放与改造》半月刊创刊号上。他还在该刊第2卷第6期上发表了《建设中的苏维埃》。这成为史学界认定的中国最早的中译列宁著作。当时，他与中国共产党的先驱瞿秋白交往颇稔，常与他进行学术探讨。

金国宝是财经界的诗人。他常赋诗抒发情怀，倾诉报国志向，有《侣琴诗存》存世。他写有大量的抗日诗篇，激发民众的抗日爱国热情，讴歌前线将士不屈不挠、英勇顽强的精神。1938年8月24日，交通银行董事长胡笔江和董事徐新六乘坐的客机遭遇日机袭击，遇难殉国。金国宝痛哭赋诗，写下了《哭二先生诗》，倾诉了他与胡笔江的师友情谊和悼念知遇前辈的悲愤情怀，这首诗也成为其诗赋中的精典。

第二篇 老前辈——印象交通银行的历史人物

交通银行成就了金国宝辉煌的金融业绩,让他成为中国票据贴现第一人。票据贴现也成为交通银行在国内首创的金融创新业务,使中国现代金融结算有了革命化的进步。

金国宝1928年入交通银行,历任上海分行襄理、副经理、总行业务部副经理、总稽核,兼任中国银行经济研究处专门委员。从进入交通银行开始,金国宝就致力于中国承兑票据的推行和贴现市场的研究建立。1929年,

金国宝的诗集

他提出建立票据市场是中国发展工商业的另一重要途径。在他的大力推动下,1930年底,交通银行推出了由他设计创立的承兑汇票,并率先颁行了《办理押汇凭信及承兑贴现业务规则》,由此使20多年前交通银行制定章程中列入的贴现业务成为现实,这也是中国贴现市场发展史上的第一次关于票据承兑和贴现的专门规章,被史学界认为是中国银行业务经营意识现代化的起步点。为了推广这一新业务,他专门编写了《承兑汇票答客问》,用通俗的语言详细解释货款汇票的使用方法及便利之处。承兑汇票一经推出,即受到社会各界广泛认可,带动了交通银行业务发展。依此,交通银行与国内众多厂商订立了承兑或贴现合约,产生了示范和轰动效应,进而进一步促进了承兑汇票及其贴现业务的发展。1936年3月,由交通银行牵头,上海市银行票据承兑所正式创办,中国的票据业务进入了新时代。

金国宝的学识和才干,受到了时任中央银行总裁、理事会主席贝

祖贻的赏识,贝祖贻力邀其进入中央银行。1935年7月,金国宝进入中央银行,任会计处处长。抗战期间,金国宝随中央银行西迁重庆。抗战胜利后,金国宝回到上海,兼任上海商学院、暨南大学教授。

新中国成立后,金国宝辞去中央银行会计处处长职务,回到复旦大学任统计学教授,兼统计专修科和贸易专修科主任,其间还在上海财经学院和上海社会科学院担任教授,并有著作《高级统计学》《工业统计学原理》等问世。1956年2月,金国宝作为上海市特邀代表,参加了全国政协二届二次会议,他在小组会上作的《发展我国财经教育》的发言被《人民日报》全文刊载。1963年金国宝在上海病逝,终年69岁。

"海纳江河因有容,社稷康盛依栋梁。"交通银行昔日的康健繁荣,因有国之奇才效力。今天,交通银行要腾飞图强,也须容留一批"国宝"型人才担当!

第三篇

老钞券 ——赏析交通银行发行的券钞

交通银行自成立时就具有国家银行性质，可发行钞券，肩负统一币制的使命。交通银行在清朝、北洋政府和南京国民政府时期都是特许的发钞银行，行使着国家银行发行货币的特权。交通银行钞券的发行史跨越清朝、北洋政府和南京国民政府三个时段，长达33年。交通银行是中国历史上发行钞券时间最长的商业银行。

交通银行在长达33年的钞券发行中，共发行了银两券、铜元券、银元券、小银元券、辅币券、法币券，共计五大类25版100余种基本钞券，如果再细算版面区别，则不下千种。这些设计新颖、制作精良的钞票由中外10多个机构印制，是中国近代货币百花苑里的奇葩。交通银行发行的钞券被钱币专家研究认定为"近百年中国货币中结合发行银行自身特点，有序有系，最高雅、庄重、大气，有品位的货币"。

交通银行发行的钞券，是中国近代货币系中重要的一支。它承载了中国近代货币流通的重任，见证了中国近代政治、经济和社会的变迁。因交通银行发行的钞券而生成的"交通银行钞券文化"永远载入中国货币发行史册。

通过了解交通银行发行历史，欣赏交通银行券钞，可以加深对交通银行的认识，了解交通银行的历史地位，领略交通银行人的襟怀和品位。

第一节
两朝三段 33 年——交通银行的发钞历史

交通银行的发钞历史从 1909 年至 1942 年,跨越晚清、北洋和南京国民政府三个时段,长达 33 年。交通银行发行的钞券一直属于国币,是中国近代货币系中重要的一支,承载了货币统一和流通的重任,见证了政治、经济和社会的变迁。

伴随着商品经济的繁荣,中国近代钱庄和票号得以快速发展。清朝后期,中国开始出现了由钱庄和票号发展起来的本土银行。到了民国初期,中国本土银行的发展出现了高峰,仅民国成立后的 5 年内,中国国内新成立的银行就多达 186 家。钱庄票号开具的银票取代了银两和银元,是钞票的雏形,它推动了货币的流通和发展。银行出现后,为了提供用途更广的票据,开始有了广泛使用的钞券。旧中国对货币发行缺乏管理,以致早期的银行纷纷发行钞券。杂乱的钞券满天飞,使中国货币流通十分混乱。这样混乱的局面一直延续到 1935 年 11 月国民政府实行币制改革。在这次币制改革中,国民政府法定中央银行、中国银行和交通银行 3 家银行为国家法定货币发行银行,后来又纳入了中国农民银行,授权这 4 家银行接管前期各家银行的货币发行,由此限制各种杂牌货币在市场的流通泛滥。1942 年 7 月 1 日,

国民政府再次推行币制改革,公布了《统一发行办法》,收回了中国银行、交通银行和中国农民银行3家银行的国家货币发行权,中国的国家货币改由中央银行一家发行,从此形成了由中央银行统一发行国家货币的现代发行体制。

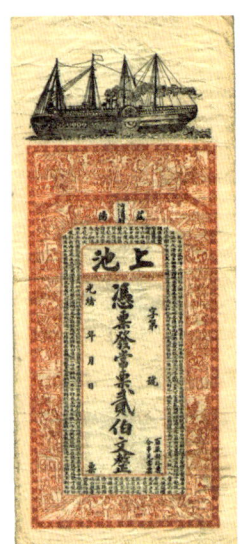
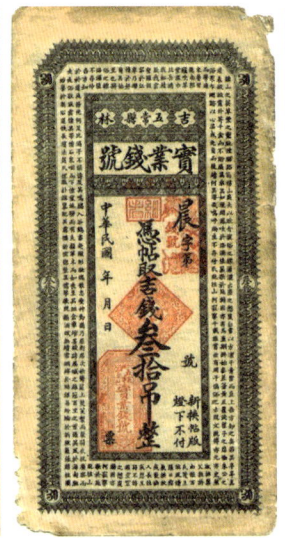

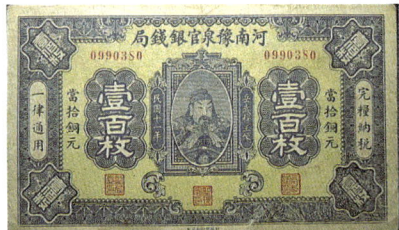

晚清、民国早期钱庄票号的银票

第三篇 老钞券——赏析交通银行发行的券钞

交通银行是清政府成立的"官商"银行，自成立时就带有国家银行性质，可发行钞券，肩负有统一币制的使命。交通银行在清政府、北洋政府和南京国民政府时期都是特许的发钞银行，行使着国家银行发行货币的特权。交通银行钞券的发行历史跨越清朝、北洋政府和南京国民政府三个时段，长达33年。交通银行是中国历史上发钞时间最长的商业银行，这在中国金融史上是不多见的。

晚清和民国时期中国本土银行发行的钞券

在晚清时期，交通银行是辅助统一币制的骨干。光绪年间，中国国内流通的货币仍很混乱，人们使用的货币除了成色不一的银两外，还有各种银元，包括国外流入的银元，如墨西哥鹰洋等。为了统一货币，清政府在光绪三十三年七月（1907年8月）颁布了《新币分量成色章程》，又在宣统二年四月（1910年5月）颁定《币制条例》，将成色统一的银元定为国家货币。交通银行开业之时正逢统一币制，于是清政府将"辅助统一币制"列为交通银行要承担的四项任务之一，即"通过经营四政收支及一般商业银行业务,推行国币,为统一币制之助手"。交通银行从开业的第二年——宣统元年(1909年)开始发行银元券,计有银两券、银元券和小银元券3种。到辛亥革命爆发之前,总共发行了250余万元。当时的这种发行还只是营运范围受到限制的一般商业银行发行。

在北洋政府时期,交通银行是"扩大发行,分理金库"的"国家银行"。1911年11月袁世凯组阁北洋政府,在晚清时期做过交通银行首任帮理的梁士诒被任命为邮传部大臣,兼任总统府秘书长,1912年4月梁士诒被交通银行股东会推选为总理。交通银行有了这位官商两职兼任、被称为"二总统"的掌门人,很快就获得了发行货币和代理国库的特权。1914年北洋政府颁布的《交通银行则例》第二十三条中重申,政府特许交通银行发行兑换券。1916年又明令交通银行与中国银行同为国家银行,享有发行兑换券的特权。在梁士诒的积极运作下,1913年北洋政府通令各省,凡完税纳粮、发饷及一切官商交易,交通银行兑换券一律通用。同时北洋政府交通部令铁路各路局、各站长,暨通电直、皖、鄂、鲁、豫、奉、吉等省推行交通银行兑换券,并发函由交通银行在铁路、轮船、电报、邮政各局分设兑换机构。由此交通银行货币发行逐年扩大,1913年达450万两,1914年增至596万两,同时在1913年5月获得了分理国家金库的特权。通过扩大发行和分理金库,交通银行实际上在行使着国家银行的权力,成为当时商业银行里的佼佼者。

在南京国民政府时期,交通银行是法定货币的发行银行。1928年11月南京国民政府命令公布《交通银行条例》,1935年6月又令准修正《交通银行条例》,通过法令形式以增加官股和增派官股董事的方式对交通银行进行了两次改组,加强了对交通银行的管控。1935年

11月，国民政府实行币制改革。按照国民政府旨意，交通银行接收了浙江兴业银行、中国垦业银行、中国实业银行、边业银行、湖北省银行、大中银行、四行准备库天津分库等7家银行的发行业务及准备金，兑换了这7家银行的流通券8911万元，又通过收兑银元新增货币发行11300余万元。法币政策实施前，交通银行的钞券发行额仅有10451万元。到了1936年底，发行额就达到了30214万元，在一年多时间里交通银行的货币发行量增长了近2倍。通过实施国民政府法币政策，交通银行迅速壮大了发行业务。1942年7月，国民政府公布《统一发行办法》，将法币的发行权集中于中央银行，至此交通银行33年的货币发行历史画上了终结号。

第三篇 老钞券——赏析交通银行发行的券钞

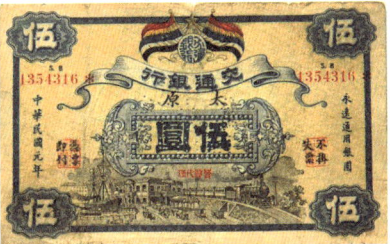
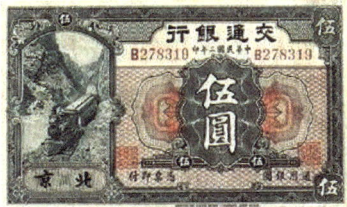

清朝、民国时期交通银行发行的钞券

　　从 1909 年至 1942 年,交通银行发行了大量钞券,形成了中国近代货币系中重要的一支。它承载了中国近代货币统一和流通的重任,见证了中国近代政治、经济和社会的变迁。虽然说交通银行钞券在完成了其历史使命之后退出了货币流通领域,但因交通银行钞券而生成的"交通银行钞券文化"却永远载入了中国货币发行史册。

第二节
大气高雅先进突显经营特色 —— 交通银行钞券的版面风格

交通银行发行的钞券犹如"招牌和名片",秉承大气、高雅和先进的传统版面设计理念,体现出交通银行不同时期的经营状况、经营理念和经营身份,意境高峻,品味高雅,技法高超,代表了中国近代钞券的极高水平。

据历史资料记载,交通银行在晚清和民国长达33年的钞券发行中,共发行了五大类25版100余种钞券。这些钞券犹如"招牌和名片",体现出交通银行不同时期的经营状况、经营理念和经营身份。这些钞券秉承大气、高雅和先进的传统版面设计理念,独具现代风格,凸现出交通银行自身的经营特色。近代钱币研究界有人认为,交通银行的钞券意境高峻,品味高雅,技法高超,代表了中国近代钞券的极高水平。交通银行的钞券之所以能"高、大、尚",是由其独有的"官商"身世、国币担当和历史文化底蕴所决定的。

交通银行钞券是具有皇家"血统"的国币,彰显大气。交通银行是慈禧太后和光绪皇帝御准,由大清邮传部设立的银行,出生时就带有皇家"血统",属于国家级银行。清政府在奏准的《交通银行章程》中就有"印刷通行银纸"的规定,授予交通银行发行钞券的特权。这

一特性十分鲜明地反映在交通银行的早期钞券设计中,如宣统元年(1909年)发行的交通银行第一版钞券,其上就有清朝皇家专用的双龙图案,体现出国家货币的特质。到了民国元年(1912年),交通银行钞券上的清朝双龙图案被民国初期的五色国旗取代,继续保持国家级货币的性质不变。民国二年(1913年),北洋政府颁布大总统令:"完纳各省地丁、钱粮、厘金、关税,购买中国轮船、铁路、邮政等票,交纳电报费,发放官俸薪饷,一切官款出纳及商品交易,交通银行钞券一律通用。"指定交通银行钞券为国家支付货币。民国三年(1914年),北洋政府颁布《交通银行则例》,在第二十三条中重申政府特许交通银行发行兑换券。民国五年(1916年),又明令交通银行与中国银行同为国家银行,享有发行兑换券的特权。民国二十四年(1935年),南京国民政府实行币制改革,交通银行被确定为法币发行银行之一。直到民国三十一年(1942年),南京国民政府公布《统一发行办法》,将法币的发行权收归于中央银行一家。至此,交通银行33年的国币发行历史才圆满结束。

交通银行(广东)宣统元年大银元壹元券

第三篇 老钞券——赏析交通银行发行的券钞

交通银行(广东)宣统元年大银元伍元券

交通银行(营口)民国元年小银元拾角券

交通银行（太原）民国元年大银元伍元券

交通银行（天津）民国元年大银元拾元券

第三篇 老钞券——赏析交通银行发行的券钞

交通银行钞券的设计制作者都是国内外大家和望门，尽显高雅。交通银行在民国二年前发行的前四版银元券，均由国内大家设计。其内容多为中国传统的祥云、仙鹤、波涛以及简明的花饰等，中国民族民俗风格突出。此后，交通银行钞券改由英、美等西方国际制钞豪门设计印制，由此设计内容和风格发生了大转变，花饰变得更加细腻复杂，更加精致和西洋化、国际化。这种西式设计不仅美观大方，防伪性能也大大提高，其现代钞券精致高雅的特点更加显现。据统计，承制交通银行钞券的中外著名机构有10多家。其中，上海商务印书馆印刷得最早，美国钞票公司印刷得最多，英国华德路印刷公司印刷得最负盛名。

交通银行钞票底端标有承制公司名称

  交通银行钞券设计理念先进，突显经营特色。旧中国与交通银行同时代发行的钞券十分杂乱，其票面内容也五花八门，有文武财神、圣贤人物、神话传说、招财瑞兽和著名建筑风景等，内容大多陈旧不堪。交通银行钞券设计理念先进，坚持把现代工业科技进步成果引入钞面，又重点突出了自身服务工业化大交通事业的经营特色，钞券特色鲜明，使人耳目一新！

第三篇 老钞券——赏析交通银行发行的券钞

民国十一年中国通商银行发行的"财神"钞票

民国时期中国联合准备银行发行的"黄帝"钞票

交通银行"火车头钞票"风靡中国。交通银行成立的首要任务是筹款赎回京汉铁路经营权。成功赎回京汉铁路的经营权，让交通银行首战大捷，国人精神振奋，也为中国振兴民族经济树立了里程碑。火车和铁路是交通银行历史上骄傲和自豪的形象，交通银行老行徽就是

一列迎面开来的火车,而交通银行钞券图案则大多带有火车。据统计,在交通银行116种基本钞券中,印有火车和铁路图案的钞券占了近6成,多达67种。这些钞券把火车、铁路与交通银行紧密联系在一起,看到火车和铁路,人们就自然想到了交通银行,由此早年的交通银行也被称为"火车头银行",交通银行发行的钞券被称为"火车头票子",这一时期也成了交通银行引以自豪的"火车头时代"。交通银行像动力十足的火车,伴随风靡中国的"火车头钞票"一路向前,风驰电掣,牵引着近代中国民族经济权利的主张,也牵引出交通银行浩荡的100多年辉煌历史。

第三篇 老钞券——赏析交通银行发行的券钞

交通银行钞票上的火车铁路、火车头行徽

　　交通银行钞券体现自身"四政"服务特色。交通银行成立的主要任务是联合轮、路、电、邮四政收支，为轮、路、电、邮"四政"提供金融服务是交通银行的经营特色。大清邮传部命名"交通银行"，也是期望其所服务的轮、路、电、邮四政互为交通，进而交叉贯通，发达兴旺。因此，涉及轮船、铁路、电讯和邮政题材的图案也成为交通银行钞券内容的主流。按照北洋政府规定，交通银行独家经办"四政"银行业务，同时可以在"四政"所在和海关机构内设立银行经营网点，

171

因此一些和"四政"相关以及著名的老海关建筑也多出现在交通银行钞券上。例如：上海滩老海关大楼就是交通银行钞券上的"常客"，频繁出镜。

交通银行钞票上的上海老海关大楼

　　交通银行钞券广泛展现工业革命科技成果。轮、路、电、邮四政的发展促进和推动了现代工业发展，而代表现代工业科技成果的设备和设施多与交通事业相关。于是，一大批当时最先进的工业革命科技成果成了交通银行钞券的主图。遵循这一思路，交通银行刻意将最新科学技术成果与大交通结合的场景引入钞券。交通银行在民国二年（1913年）发行的第四版银元壹元券，其正面图案就是一台硕大的发电机，即使在百年过后的今天来看也不感到落后。另外，同版佰元券背面反映码头水陆交通图案中的巨大海轮和新颖机车，也让人刮目相看。更有甚者，到了民国二十四年（1935年），交通银行开始发行法币券，则更将高大的电塔、巨大发电机、飞机、巨轮、钢架线路、现代化码头吊装设备、高压电网等作为票面图案。

第三篇 老钞券 ——赏析交通银行发行的券钞

交通银行钞票上的硕大发电机组

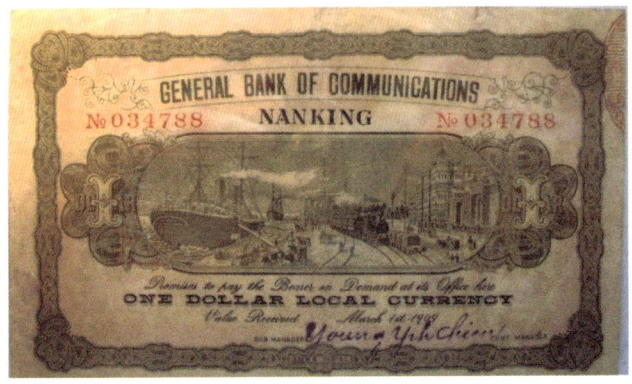

173

交通银行钞票上的"轮、路、电、邮"

历史名人题字签字使交通银行钞券更具价值。题写交通银行汉字书法行名和钞券中汉字的是中国近代著名政治家和书法家郑孝胥，有"帝师"的称谓。郑孝胥在中国近代书坛地位显赫，孝胥所书的"交通银行"行名，字体端庄、古拙、洒脱，是其书法力作。这样的汉字，紧炼方折、肃穆典雅、险绝纵逸，规范中奇姿流美，无论是出现在交通银行钞票上，还是置于交通银行票据之中，都力足丰润，大气和谐。另外，由于交通银行"官商"和"国家银行"的特殊历史地位，近代著名的政治经济人物梁士诒、曹汝霖、张謇、卢学溥、胡笔江等，都曾在交通银行担任过要职,都曾在交通银行钞券上留下过中文或英文签名,这些历史名人的签名,更显交通银行"国币"的高级,更增添交通银行钞券的儒雅和高贵气质。

交通银行钞票上的巨轮、英文签字

交通银行经典网点跃然票面。"火车头时代"的交通银行，在经营业务发展壮大的同时，对在中国交通发达、经济繁荣的城市的经营网点进行了有计划地改建或重建，使重点网点有了自己的特色形象。这些网点的建筑仿照国外银行"西装洋扮"，而且还注入了交通银行自身的寓意。以广东、汉口、南京和青岛分行等新建网点为代表，它们的共同特点是，都是西洋柱式建筑，都有象征交通银行"四政"立业的罗马立柱，大门前都设置摆放了西洋石狮。交通银行把这些引以自豪的经典建筑搬上了自己的钞券，借此也扩大了影响，加强了自身形象的对外宣传。钞券上的交通银行，没有展现创始时九路门钉的"黄马褂"形象，而是使用了现代银行装扮，这一举措也是交通银行经营理念转变驱新，追求现代市场，崇拜业界先贤，坚定联合轮、路、邮、电四政收支业务信念的直接体现。

钞票上的交通银行广东分行

第三篇 老钞券——赏析交通银行发行的券钞

钞票上的交通银行汉口分行

钞票上的交通银行奉天分行

钞票上的交通银行上海分行

虽然交通银行钞券告别流通市场已经70多年了,但是它在中国货币市场留下的痕迹仍然深刻。今天,在钱币研究和集藏界,人们对交通银行钞券仍然情有独钟。研究中国近百年货币设计的学术界认为,交通银行钞券的设计,结合自身经营特色,重视反映工业化的先进生产力成果,有序有系,色调高雅,庄重严肃,品味极高!

第三节
一线二线技术巧妙应用——交通银行钞券的防伪反假

交通银行钞券巧妙灵活地运用了近代钱币一线和二线防伪技术，钞纸专用，暗记玄妙，彩点随洒，彩丝随喷，水印与饰纹结合，保证了钞券防伪质量和安全流通。

历史上，钞券自诞生流通之时就伴有制假孳生相扰。因此，钞券设计印制时对防伪反假十分重视，防伪反假也是考量钞券制作水平和技术含量的重要标准。作为"国币"的交通银行钞券，自开始设计印制时就制定了严苛的防伪要求，有一整套防伪反假标准，在设计印制钞券时，交通银行钞券巧妙灵活地运用了近代形成的一线和二线防伪技术，保证了钞券防伪质量和安全流通。

现代制钞工艺经过上百年的探索研究，形成了三个层次防伪技术，称为"三线防伪"技术：第一线防伪，即钞券发行时对外公布的防伪特征，供大众识别真伪时使用；第二线防伪，仅供银行内部专业人员使用专业仪器来识别真伪；第三线防伪，即最隐蔽、最稳定和最难仿造的防伪，是在一线和二线防伪都无法分辨真伪时才使用的现代高科技手段，以最后鉴别真伪。现今流通使用的人民币，直到上世纪末发行第五套时才全面采用"三线防伪"技术。作为上世纪初发行的交通

银行钞券,当时已全面使用了一、二线防伪技术,且巧妙灵活地运用,应当说是同时代极为先进的防伪钞券了。

交通银行钞券的防伪主要体现在五个方面:

一是钞纸专用,一钞一纸。交通银行钞券使用了特制钞纸,而且是一种钞券使用一种特制的钞纸,这一做法提高了钞券的防伪性能。

交通银行民国三年发行的钞票

第三篇 老钞券——赏析交通银行发行的券钞

交通银行钞券采用棉短绒和木浆为原料的高级钞券纸，具有不发毛、不断裂、拉力强、耐折、耐磨、耐腐蚀和使用寿命长等优点，同时钞券的光洁度和坚挺度很高。一些民国三年（1914年）印制的交通银行钞券，虽经百年沧桑，至今仍然不腐不霉，手感坚挺如新，令人叹服。

二是暗记玄妙，纹饰精密。交通银行钞券在底纹图饰中都藏有暗记，一般高达60多处，这些暗记融合在精密的纹饰之中，难以发现仿冒。暗记是在钞票图案中某一特定位置存在一个专写的文字或数字，也有的图案中极细微的线条该连接的它断了，该断的它连接了，这些地方如不告知，不去专门寻找，是注意不到的。暗记在制版上设定，同一种钞票的暗记都是相同的。

三是彩点随洒，斑斓有序。交通银行钞券在印钞之前先在钞纸上随洒上彩色的圆点片，这些淡雅的彩点分布在钞纸中，可以直观看到，在紫光灯下观察，有荧光可见。

交通银行钞票上随机喷洒的彩点防伪

四是彩丝随喷，错落有致。交通银行钞券在钞纸纸浆烘干之前随机喷上红蓝色纤维丝并进行碾压，这些有色纤维彩丝，直观钞券便可以识别。

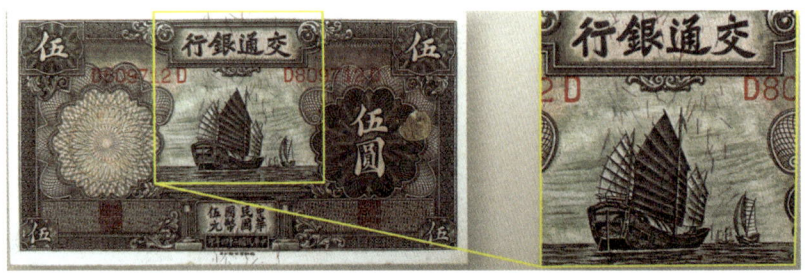

交通银行钞票上随机喷碾的彩丝防伪

五是水印与饰纹结合防伪。水印是在制造钞纸过程中形成的。在制作钞纸时,根据设计图案制成的模具经压力来增加或减少纤维的密度,使纸浆厚薄不同,从而显示出多层次人像或图形的明暗效果,迎光透视清晰可见。交通银行钞券将水印技术与饰纹装祯完美地结合起来,在美化钞券的同时加强了防伪。

交通银行钞票的水印与饰纹防伪

尽管交通银行钞券使用了当时最为先进的防伪技术手段,但是在国难当头、强敌入侵之时,也没有逃脱被大量仿冒制假的厄运。

第三篇 老钞券——赏析交通银行发行的券钞

日本制造的交通银行伪钞

抗日战争全面爆发后,日本在对中国军事入侵的同时,还大量伪造假币投放中国,扰乱中国金融市场。从1939年到1945年6月日本投降前夕,日本有计划地伪造中国货币数量超过了30亿元,其中相当一部分是伪造交通银行钞券。1939年初,日军少佐山本宪藏携带日本精心仿造的交通银行民国三年版的伍元面值纸币到上海试用。这些假钞采用了日本当时最先进的印刷技术,图版雕制细致,印刷精美,纸张也很厚实坚挺,还仿冒加盖了"上海"地名。从图案、字形和背面的英文签字来看均无懈可击,几乎达到了以假乱真的地步。山本宪藏派人拿着这种伪钞到中国钱庄去兑换日元,但是其不知这种纸币早已不在市面流通,最后以失败告终。日本吸取教训,马上改进,并加大力量印制新伪钞,还采用"污损器"将新钞速变为旧钞,真伪混合使用。在捆条、签印、装箱材料、规格等各个细小环节,日本人也面面俱到,力争做到与中国当时金融机构投放的钞券完全一致。

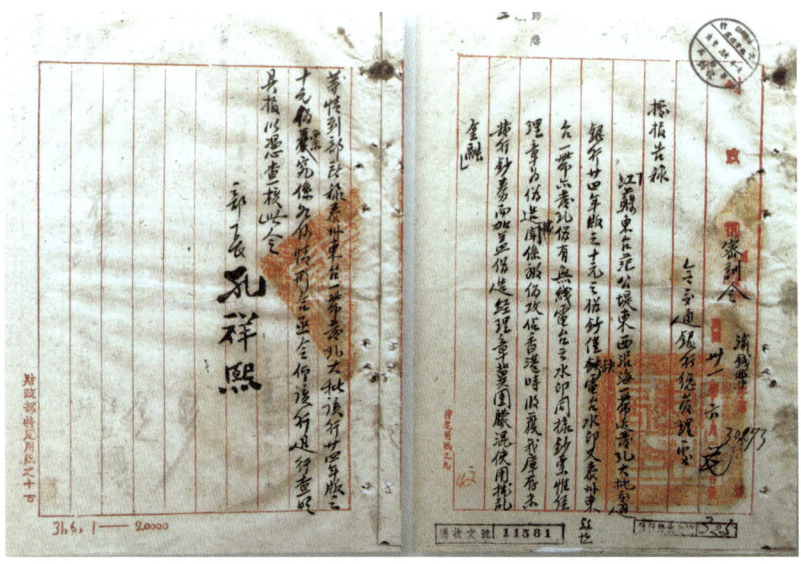

民国三十一年(1942年)财政部长孔祥熙为查明伪钞事密发的训令

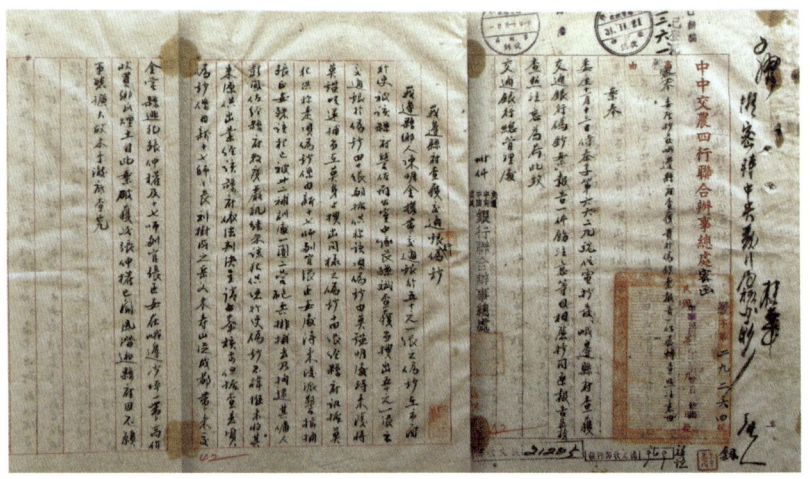

民国三十一年(1942年)四联总处查获伪钞函

第三篇 老钞券——赏析交通银行发行的券钞

太平洋战争爆发后,日军特务机构在香港查获了国民政府设在香港的造币厂,强掠造币机器设备及相关材料。当时在九龙中华书局内存放的新近印刷的中国农民银行拾元券法币及一批印钞机也落入敌手。商务印书馆秘存的一批交通银行伍元券半成品及印钞机等也被日本缴获。日本东京的"陆军第九科学研究所",专门研究从香港掠来的法币半成品及编码、暗账废册,不断改进制造假币技术。1942年,日本南洋占领军又截获了20亿中国银行小额法币半成品。不久,德国海军在太平洋一艘美国商船中查缴了美国造币公司为交通银行印刷的仅缺号码和符号的法币半成品10亿余元,随后日本从德国手中购进这批半成品,加工后源源运入中国投放到市场。尽管国民政府和交通银行在货币防伪反假方面作了大量工作,采取了一系列措施,但是由于日本蓄意印制的假币品种、数量过多,严重损害和破坏了当时中国的战时金融和经济,也给交通银行钞券带来了恶劣的影响。

第四节
出自名门 身世超凡——交通银行钞券的承制商

承制交通银行钞券的制造商都是中外制钞精英，设计制作水准都是一流的。历史上承制交通银行钞券的中外商家共有10多个。其中，以商务印书馆印制的为最早，美国钞票公司印制的为最多，英国华德路公司印制的为最负盛名。

交通银行钞券除了有"国币"的显赫身份之外，还是出自名门、身世超凡的钞券。因为承制交通银行钞券的制造商都是中外制钞精英，设计制作水准都是一流的，所以他们有底气把自己的商号也印在承制的交通银行钞券上，让市场和历史检验。由此，这些承制商也随着交通银行钞券载入了史册。交通银行钞券除了"大气高雅先进，突显经营特色"的版面设计风格以外，在钞券的尺寸大小、色彩运用和纸张选择等方面都十分考究，极力接近国际先进标准。因此，交通银行钞券也突显了高雅不俗的气质。

历史上承制交通银行钞券的中外商家共有10多个。其中国内的有商务印书馆、京华印书馆、天津清华印书馆、财政部印刷局、大东书局和泗兴公司等；外国的有美国钞票公司、英国华德路印刷公司、伦敦德纳罗公司等。其中，商务印书馆印制的最早，美国钞票公司印制的最多，英国华德路公司印制的最负盛名。

第三篇 老钞券——赏析交通银行发行的券钞

交通银行钞券正反面的底端都有钞券承制商中英文名号标示

商务印书馆是 1897 年在上海创办的，创办人有夏瑞芳、鲍咸恩、鲍咸昌和高凤池等，是中国印刷出版业中历史最悠久的出版商。商务印书馆 1954 年迁到北京，与北京大学一道被誉为中国近代文化的双子星。商务印书馆在早期就吸收外资，引进国外先进技术和人才，高标准、高质量地出版了大量中国现代和古籍文献，还在国内外多个大城市设立了分馆和印刷机构，是迄今仍然在国内外很有影响的出版商。交通银行第一版钞券在宣统元年 (1909 年) 发行，共有三类，都是由

商务印书馆印制的：第一版第一类是大银元券，横型，面值有壹圆、伍圆、拾圆三种，见有上海、广东、南京等地名；第二类为小银元券，横型，面值有伍角、拾角、伍拾角、壹佰角四种，见有营口等地区票；第三类是直型银两票，面值壹两、拾两，见有济南等地区票。第一版钞票上的图案，有黄龙旗、双龙图、火车、轮船、大清邮政局大楼、电业大厦等。第一版钞券最早展现了交通银行发行"皇家国币"和"绾合四政"的风采。

商务印书馆民国时期网点和现在网点

第三篇 老钞券——赏析交通银行发行的券钞

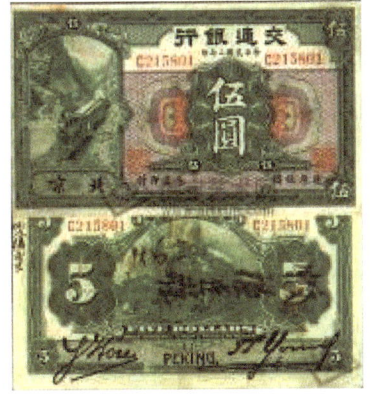

商务印书馆承制的交通银行钞券

美国钞票公司不是美国政府管控的钞票制造商,而是一家纯粹的私人商业公司。美国钞票公司大楼是一幢五层高的花岗岩建筑,位于美国纽约市布罗德街70号,与纽约证券交易所只有一个街区之遥。这

座大楼建于1908年,建筑面积有15218平方英尺(约合1414平方米)。美国钞票公司以生产银行票据、货币及股票凭证而闻名于世。从清末至民国时期的数十年里,包括中国政府部门在内的中国54家财政金融机构,委托美国钞票公司印制的钞券多达1100多种(有记载为1113种)。迄今,钱币收藏界里所谓"美钞版"老钞券,就是特指美国钞票公司印制的钞券。交通银行钞券的第三版、第四版、第四改版、第五版、第五改版和第十版等都由美国钞票公司承制或参与承制,美国钞票公司是印制交通银行钞券最多的承制商。美国

美国纽约布罗德街70号原美国钞票公司大楼

钞票公司在上世纪90年代倒闭,纽约布罗德街70号上的那座著名的美国钞票公司大楼,被一个来自中国的商人以1800万美元购得。

第三篇 老钞券——赏析交通银行发行的券钞

钞票底端见汉字"美国钞票公司"

英国华德路印刷公司是由英国人詹姆士·华德路（James Waterlow）在1810年开办的一家石版印刷行逐步发展形成的。华德路公司在1852年首度为英属圭亚那印制邮票，世界上著名的1856年版英属圭亚那红一分的孤品邮票，就是由华德路公司印制的。华德路公司与中国的业务往来最早是为清朝海关印制邮票，那时中国的邮政

业务由海关办理。清朝光绪二十三年的海关红印花邮票，就是由华德路公司印制的。其中红印花加盖小字面额壹圆的邮票是名气最大的，更被誉为世界上最珍贵的有齿邮票。当年，这张邮票由大清海关总税务司赫德（Sir Robert Harr）绘成修改图样，并用钢笔签注日期"1896年3月26日"，后遵照其指示，由华德路公司印制。首套邮票的发行日是1898年1月28日，即光绪二十四年正月初一，从此中国成为华德路公司的客户。华德路公司从民国十三年（1924年）开始给中国印制钞券，除了为交通银行印制钞券以外，中国银行、中国农工银行、中国实业银行、中国通商银行、中南银行、河北省银行、广州市立银行、北洋保商银行、上海四明银行等，以及若干在华洋商银行等也委托其印制钞券。华德路公司印制的钞券通常在票面正下方印有"英国华德路公司制"的字样，少数则为"伦敦华德路公司印"，背面则是在下方中间印英文"WATERLOW & SONS LIMITED，LONDON"（伦敦华德路父子公司）字样。1942年7月国民政府公布了《统一发行办法》，将法币的发行权集中于中央银行，之后华德路公司承制了中央银行法币券12种。华德路公司最后给中国印制的一批钞券是民国三十六年（1947年）的中央银行伍佰圆关金券，这种关金券是50余种关金券中唯一横式设计的，也是关金券中唯一由华德路公司承印的。华德路公司在上世纪20年代末牵扯到一件跨国欺诈案件，官司败诉带来的巨额赔款使其元气大伤。其后，华德路公司被英国另一家公司德纳罗（De La Rue）公司并购，华德路公司百年老店从此"寿终正寝"。而其继承者德纳罗公司不久又成为交通银行钞券的承制商。

第三篇 老钞券——赏析交通银行发行的券钞

英国伦敦德纳罗(De La Rue)公司大楼（绘画）

钞票底端见汉字"伦敦华德路公司印"

193

伦敦德纳罗公司承制的交通银行钞票

华德路公司印制的民国三十六（1947）关金券"横关金壹佰圆"被誉为"关金券之王"

第三篇 老钞券 ——赏析交通银行发行的券钞

华德路公司印制的最后一批中国钞票（民国三十六年伍佰圆关金券）
为关金券中唯一横式设计，也是关金券中唯一由该公司承印的。

华德路公司印制的极为罕见的民国三十七年壹萬圆关金券

第五节
彰显个性的手书笔迹 —— 交通银行钞券上的汉英文签名

交通银行钞券上的签名是特色"风景线",英文签名多为花体,汉字多用似字似符的花押字。这些签名或是签字人的名,或是字,或是号,或是同一人名、字、号兼有。签名给钞券增添了特色,也成为后人研究的课题,为确定签字人"姓甚名谁"增加了神秘色彩。

今天看到的交通银行钞券,正反两面大多印有手书签字。这些彰显个性的签名或是用毛笔书写的行草汉字,或是用钢笔书写的花体英文。这些签名,或是签字人的名,或是字,或是号,还有同一个人在不同钞券上分别留有名、字和号的。同一个人留在交通银行钞券的签名,有的只有汉字签名,有的只有英文签名,还有的汉英文签名都有。更有甚者,有的人留在交通银行钞券的汉英文签名有不同的写法。交通银行钞券上的签名是交通银行钞券特有的"风景线",为钞券增添了特色,也为后人研究这些签名增加了神秘色彩。

从分析现有资料来看,交通银行钞券上的签名在晚清宣统元年发行伊始就有了,到民国年间普遍开来。初期签名者是当时发行钞券所在地区交通银行的首脑和发行负责人,由于当时在这方面没有统一的

第三篇 老钞券——赏析交通银行发行的券钞

要求,也没有留存相应的档案,导致交通银行同一版别的同一张钞券,其签名、地名、职章及附印文字等不同,要一一搜全实在困难。签名英文书写多为花体,汉字多用花押中文,而花押签字似字似符难以识别,因此现在能够见到的一些钞券上面的签名亦难以辨清和确定"姓甚名谁"。到1917年,交通银行钞券签名改由总行统一签字,虽然签名由分行"小首脑"改成了总行"大人物",但是签名的章法还是没有制定。民国十一年(1922年),交通银行钞券发行改为总分库发行制,按理借此时机应建章立制,对钞券上的签名实行统一管理,以便理顺澄清,然而遗憾的是并没有这么做。近年来,学术界开始重视对交通银行钞券的研究,有关对印制与发行史料整理的研究成果相继问世。但是,涉及交通银行钞券签名研究的却是凤毛麟角。由于年代久远,许多钞券实物无法找到,有的文献记载互相矛盾,问题的认定也多有不当。有研究学者认为,交通银行钞券上的签名"恐当其事者亦不能道之全面",这一观点是客观而实事求是的。交通银行钞券上的签名是中国钱币研究的重大疑难课题,期待有识之士破题深究。

依笔者能及和现有的资料,再考虑到对交通银行历史有重大影响的人物,如梁士诒、曹汝霖、张謇、钱新之、卢学溥、胡祖同、胡笔江、唐寿民、谢霖等,加之交通银行发行部门首要人物王子崧和李钟楚,赏析这些交通银行历史上著名人物在钞券上的签名,尚可以"管窥"交通银行钞券上的签名。

梁士诒的签名最早出现在交通银行钞券上。

梁士诒是中国近代政坛和财经金融界叱咤风云的人物。在他人生驰骋的晚清和民国期间,有"五路财神""梁大财神"和"二总统"等响当当的绰号。交通银行成立时,他是清朝五条铁路的提调、铁

路总局局长,被朝廷旨派为交通银行首任帮理,当时帮理的主要职责就是加强银行与铁路之间的联系。他一生随政局跌宕起伏,四进四出交通银行,都是担任首脑要职。交通银行最早发行的宣统元年第一版(广东)银元券的背面,就印有梁士诒的英文签名"S. Y. Liang"。梁士诒的签名最早出现在交通银行钞券上,他也是唯一在晚清和民国发行的交通银行钞券上都有签名的人,他签名的钞券

交通银行宣统元年发行的第一版大银元券(广东)背面见梁士诒的英文签名"S. Y. Liang"

也最多。由于梁士诒签名的时间跨度大,签名款式也多有变化。梁士诒的汉字签名是一个用毛笔书写的花押字"诒",左侧"言"字简写,右侧"台"字似繁非繁,生动有趣,耐人寻味。另外,有一类钞券上的签名是梁士诒和胡祖同合签的。胡祖同是交通银行历史上第一位总经理,他在钞券上签名用的是自己的字"孟嘉"。胡祖同是交通银行历史上学贯中西、文理兼备的饱学之士,他克己奉公,待人和气谦逊,书法功底深厚。当年交通银行普通员工向他求字,他都能一一满足。从钞券上他书写的"孟嘉"两字,能够体会到他"养

第三篇 老钞券——赏析交通银行发行的券钞

成遍体崚嶒骨,来日乾坤待仔肩"的诗意,看到中国传统知识分子的铮铮傲骨和报国图强之志。

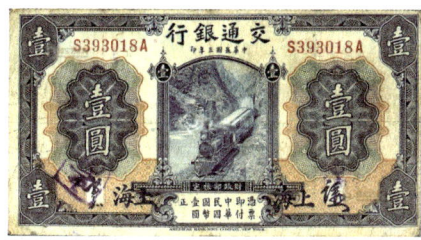  

胡祖同与梁士诒的汉字签名(胡祖同用的是自己的字"孟嘉",梁士诒为花押字"诒")

胡祖同与梁士诒的英文签名(胡祖同"WooT.D.",梁士诒"LiangshihYi")

"状元总理"张謇签字秀英文。

状元出身的张謇是中国近代著名的实业巨子,毛泽东评价他是"中国近代历史上万万不可忘记的人"。张謇在交通银行危难时出任总理,以其优秀的人格、超群的威望和非凡的能力,让交通银行转危为安、走出困境,开创了交通银行健康发展的新局面。张謇在交通银行履职只有三年,带有张謇签字的钞券也很少。作为恩科状元,张謇的汉字

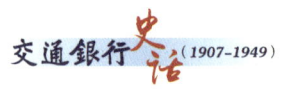

书法非常了得,但是在交通银行钞券上仅找到了他的英文签字,从字面上看仍然能领略到他认真严谨的处事风格。

状元总理张謇的英文签名

胡笔江和唐寿民的签字让人想到这对搭档"天壤之别"的结局,令人深感惋惜和叹息。1933年4月,南京国民政府再次改组交通银行,胡笔江和唐寿民分别被指派为董事长和总经理,两位同是"草根"出身的近代银行家成了搭档。胡笔江和唐寿民的"发家史"有许多相同之处,两人祖籍都是江浙一代;都是家境贫寒从钱庄学徒做起;都没有进过现代科班学堂或有留洋经历;都是天赋过人,白手起家,年纪轻轻就成了金融大亨。他们二人在交通银行同舟共济,制定了"整旧营新、推广储蓄、发行独立,沿陇海铁路向中国西部发展业务"的经营思路,使交通银行有了大发展。然而,抗战爆发、民族危难彻底改变了他们的命运,让他们的人生结局截然不同。

胡笔江是抗战时为国捐躯的民族英雄。1938年8月奉国民政府之命从香港乘飞机回重庆商讨战时金融计划的胡笔江,所乘坐的客机遭遇日机袭击,遇难殉国。国民政府追认他为烈士,颁发了褒扬令,还举行了隆重的追悼大会,上海、汉口和香港等地下半旗致哀。国共两

第三篇 老钞券——赏析交通银行发行的券钞

党领袖都高度评价了他的生平和贡献,毛泽东在挽联上称其为"金融巨子"。胡笔江是在中华民族生死存亡最危险的时候,为国捐躯的交通银行"一把手",他的死在唤起全民族抗战激情的同时,让交通银行的历史又增添了血染的风采。

唐寿民"失足"成了汉奸。1941年底,日军突然攻占香港,正在组织制钞的唐寿民临危不乱,果断下令销毁了巨额钞票,避免了巨资落入日军之手酿成的灾祸。之后,唐寿民在化装出逃时被捕。日军囚禁了他115天又将其押回上海。然而,唐寿民没有经受住利诱,出任了汪精卫伪政府的中国商业统制会会长。他在上海主持了汪伪交通银行复业,任董事长兼总经理。之后,尽管唐寿民暗地里做过一些有利抗战的好事,但是终难洗刷"失足"的耻辱。抗战胜利以后,唐寿民以汉奸罪被判无期徒刑,经上诉最后改为有期徒刑8年,1949年初被特赦。1953年,人民法院重新起诉唐寿民,判处其有期徒刑10年,先是缓刑,后改为管制。1974年,唐寿民在上海病逝。

"道不同不相为谋。"同在一张交通银行钞券上签名的胡笔江和唐寿民,因交通银行走到了一起,都在交通银行实现了人生转折,结束了为之奋斗的金融人生。然而,他们各自不同的结果正如他们在交通银行钞券上的签字一左一右,位置"对立"、方向相反。

唐寿民和胡笔江的汉字签名(寿民　笔江)

胡笔江的英文签名

唐寿民的英文签名

王子崧和李钟楚两个"发行人"的花押有得一拼。

王子崧和李钟楚都是交通银行分管钞券发行的资深人士。交通银行的发行部门从最初的钞券科升级到后来的发行部，作过多次调整，纸币的签字人也调动频繁。王子崧和李钟楚长期在发行部门履职，曾分别任发行部正、副经理，因此交通银行钞券上多见他们的签名。他们签名的特点是汉字"花押"独特奇妙，似字又非字。李钟楚的签字英文作 Lee Chao，中文花押如"李廿"，而实际其名为李鐰，"鐰"字本身就冷僻难识，连《康熙字典》都查不到，因此后人研究只记其字而忘其名。

第三篇 老钞券——赏析交通银行发行的券钞

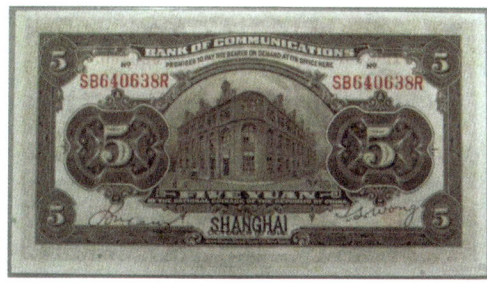

唐寿民和王子崧汉、英文签名　　　　　王子崧的汉字花押签名

李钟楚的签字，中文花押如"李廿"，英文作 Lee Chao

李钟楚和卢学溥的英文签字　　　　　卢学溥汉字签名"学溥"

钱新之（左）和王子崧（右）英文签名　　钱新之（钱永铭）的英文签名

第三篇 老钞券——赏析交通银行发行的券钞

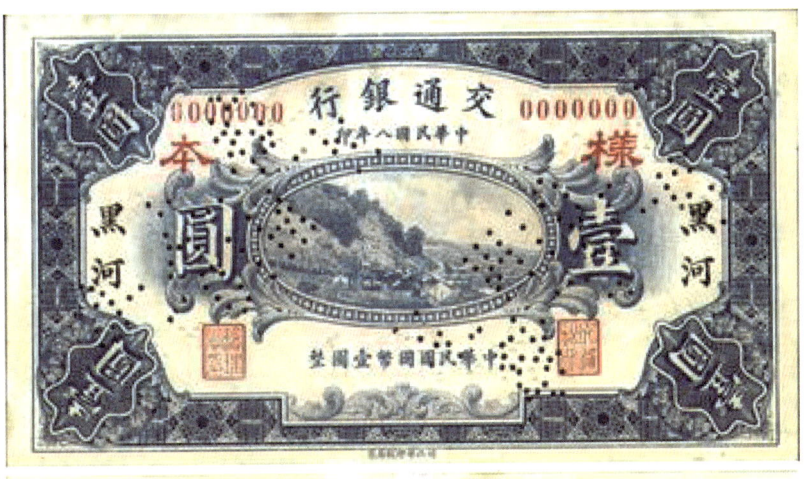

曹汝霖（右）和 谢霖（左）的英文签名

第六节
五大类 25 版 100 多种——交通银行钞券的种类版别和面额

交通银行发行的钞券有五大类 25 版 100 多种基本钞券。版别多、面额多和种类多是特点。同一版加以不同附设,又形成了不同的版别。若将同版异饰、同版异章、同版异地名、同版异符、同版异色等"变异"也统计在内,钞券的种类则不下千余种。

交通银行发行钞券的历史跨越晚清、北洋和南京国民政府三个时段,长达 33 年,共发行了五大类 25 版 100 多种基本钞券。版别多、种类多是交通银行钞券的一大特点。交通银行钞券的版别,除了图案不同、年份有区别外,在同一版加以不同附设,又形成了不同的版别。例如,同版异饰,即同一版面底纹花饰不同;同版异章,因银行首脑人物变动,同种钞券上的中英文签名不同;同版异地名,早期的钞券分区域发行,形成了不同地名券;同版异符,在实行钞券领用制期间,不同地区领用的钞券加盖了不同的暗记符号;同版异色,同一版面的钞券因时间、地点不同,用不同的颜色印制。如果把这些"变异"也统计在内,交通银行钞券的种类则不下千余种。

第三篇 老钞券 ——赏析交通银行发行的券钞

同版异地名钞券

第三篇 老钞券——赏析交通银行发行的券钞

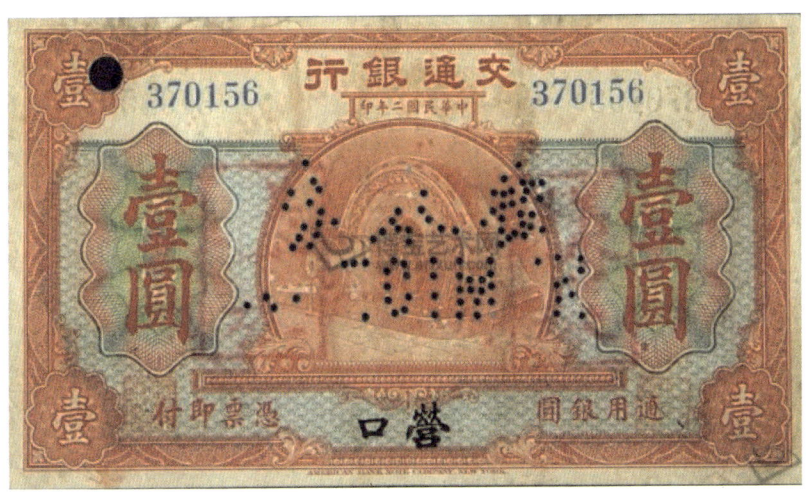

同版异地名、同版异符钞券

按照目前大多数资料记载，交通银行发行的钞券基本可以分为五大类 25 版 100 多种。这些基本钞券的明细划分如下。

第一类，银两券。共有 2 版 15 种。其中第一版 4 种，第二版 11 种。

第二类，银元券及国币券。共有 11 版 43 种，从第五版开始改称"国币券"。其中第一版银元券 3 种；第二版银元券 3 种；第三版银元券 3 种；第四版银元券 5 种；第五版国币券 5 种，另有改色券 3 种；第六版国币券 3 种；第七版国币券 5 种；第八版国币券 3 种；第九版国币券 3 种；第十版国币券 3 种；第十一版国币券 3 种；另有中国实业银行改印券 1 种。

第三类，辅币券。共有三版 8 种。其中第一版 4 种，第二版 2 种，第三版 2 种。

第四类，小银元券。共有四版 15 种。其中第一版 4 种，第二版 4 种，第三版 4 种，第四版 3 种。

第五类，铜元券。共有四版 17 种。其中第一版 6 种，第二版 4 种，第三版 6 种，第四版 1 种。

大银元券

铜元券

第三篇 老钞券——赏析交通银行发行的券钞

小银元券

除了以上普遍认同的钞券种类以外,还发现有另外两种由中国实业银行钞券改版的交通银行钞券。

中国实业银行钞券改版的交通银行钞券

1935年，国民政府实施法币改革，交通银行成为法币发行银行之一。由于当时壹圆券紧缺，经呈准财政部批准后，交通银行将接收的中国实业银行新版壹圆券改印交通银行行名后发行，此举记录在案，此一钞券也统计在交通银行钞券种类版别之中。但是，从实物资料发现，这类由中国实业银行版改印钞券还另有伍圆和拾圆两种。这种钞券由美国钞票公司印制，正面图案为中国神话"龙马负书"传说。这3种改印版钞券上交通银行行名形式不同，壹圆券是在正背面上方盖中英文交通银行行名黑章，正面右侧的椭圆形空白处盖"交通银行民国二十四年十一月发行"，背面左边长方形空白处加盖英文黑字"ISSUED BY BANK OF COMMUNICATIONSNOV.1935"；伍圆和拾圆券票样是在正面印"此券由交通银行发行"，流通券则是在正面拱形主图内飞马的上方加印"此券由交通银行发行"。因改印仓促，票面仍保留"凭票即付国币"字样。

另外有史料记载，为了纪念交通银行成立30周年，民国二十六年初，交通银行赶印了面额伍拾圆的纪念钞，这种钞票用民国三年版的伍拾圆大银元券改制，将正面中文"财政部核定"改为"中华民国二十六年印"，将"凭票即付中华民国国币伍拾圆整"中"凭票即付"4个字去掉，将正面"中华民国三年印"改为"三十周年纪念"，背面英文也依此改制，并向美钞公司订印了10万张，但是此票因故没有发行。

因种类不同，交通银行钞券的面额种类也不少，具体明细如下：

第一类银两券的面额共有11种，分别是壹两、贰两、叁两、肆两、伍两、拾两、贰拾两、叁拾两、肆拾两、伍拾两及壹佰两。

第二类银元券及法币券的面额共有13种，其中银元券6种，分别是壹圆、伍圆、拾圆、贰拾圆、伍拾圆和壹佰圆；法币券 7 种，分别是壹圆、伍圆、拾圆、贰拾伍圆、伍拾圆、壹佰圆和伍佰圆。

第三类小银元券的面额共有 6 种，分别是壹角、贰角、伍角、拾角、伍拾角和壹佰角。

第四类辅币券的面额共有 4 种，分别是伍分、壹角、贰角和伍角。

第五类铜元券的面额共有 13 种，分别是贰拾枚、叁拾枚、伍拾枚、壹佰枚、伍佰枚和壹仟枚，以及京钱壹吊、京钱贰吊、京钱叁吊、京钱伍吊、市钱壹仟文、市钱叁仟文、市钱伍仟文。

历史上的特殊时期，交通银行还发行过变相的货币钞券"交通银行本票"。

抗战胜利前后时期，法币通货膨胀加剧，物价上涨的速度超过了货币发行的速度，货币供应严重短缺。为此，发行法币的四大银行和中信、邮汇两局都发行了变相的货币"定额本票"。仅交通银行一家就发行了 200 多亿元。法币本票有定额与无定额两种，都是竖式，印有"奉财政部核准发行与现钞同样行使"。

1948 年下半年改发金元券后，小额票券严重短缺，交通银行温州支行发行了面额伍角和壹圆的小额定额本票。

1949 年金元券面临崩溃，为补救现钞短缺，中央银行发行了壹万圆、伍万圆和拾万圆的金元定额本票。这 3 种票都交由交通银行信托部和交通银行上海分行代为签章发行。此间交通银行也发行了自己的定额本票。这一时期发行的本票是政局动荡、金融危机、货币发行混乱的历史佐证。

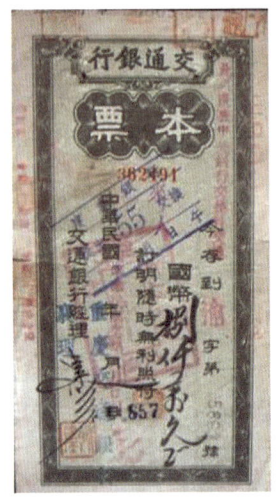

交通银行本票

附1：

交通银行大事记（1907—1949）

时间	重大事件	备注
1907年12月8日（光绪三十三年十一月初四）	议筹成立交通银行	大清邮传部奏设交通银行，奏派总理及协理
1908年3月4日（光绪三十四年二月初二）	开业	择定农历二月初二"龙头节"
1909年（宣统元年）	开始发行兑换券	
1912年（民国元年）	民国交通部继承了大清邮传部持有的交通银行官股	中华民国成立
1914年5月23日（民国三年四月初七）	《交通银行则例》颁布	北洋政府"大总统令公布"
1916年5月（民国五年四月）	第一次停兑风潮	
1919年	接管上海德华银行	第一次世界大战结束

1921年11月（民国十年十二月）	第二次停兑风潮	
1922年	发行独立，准备公开，实行四六准备制	中国银行界首创
1926年	颁布《交通银行修正则例条文》	北洋政府"临时执令准修正"
1926年	总管理处迁往天津	北伐军节节胜利，国民政府进驻武汉
1927年4月	总管理处从北京迁入上海	建立南京国民政府，交通银行从北洋政府转到南京国民政府
1928年11月	国民政府命令公布《交通银行条例》	南京国民政府通过法令形式以增加官股和增派官股董事对交通银行进行了两次改组，加强了对交通银行的管控，始设董事长及总经理。同时实行专业化改革，交通银行成为发展实业的全国性的专业银行
1935年6月	国民政府令准修正《交通银行条例》	
1935年11月	开始发行法币	国民政府实行币制改革

时间		
1937年7月	总管理处从上海撤往汉口，后在汉口大会战中又撤至重庆	中国进入全面抗战时期
1942年7月	结束货币发行	国民政府公布《统一发行办法》，法币发行权集中于中央银行
1946年6月	总管理处迁回上海	抗日战争胜利后
1949年5月	中国人民解放军军管会接管交通银行	上海解放
1949年11月1日	经清理改组后复业	

附2：

中国钱币学会文件

中钱会发〔2014〕16号

关于推荐中国钱币学会 2015 年度课题的通知

各单位会员：

为推动钱币学术研究深入开展，中国钱币学会拟在《中国钱币学会 2014 年度课题指南》的基础上，开展 2015 年度课题推荐工作。现对推荐工作要求如下：

一、推荐工作严格按照《中国钱币学会学术课题管理办法》（中钱秘发〔2012〕12 号）的要求进行。

二、各单位会员应按照《中国钱币学会学术课题管理办法》的要求推荐符合条件的课题上报中国钱币学会秘书处（最多不超过 3 个）。秘书处电子邮箱：cns20111@163.com。

三、推荐截止日期：2014 年 11 月 30 日。

联系人：王科宇
联系电话：010-66058328

附件：中国钱币学会 2014 年立项课题目录

中国钱币学会
2014 年 10 月 29 日

内部发送：学会领导，学术委员，各部室。

附件

中国钱币学会 2014 年立项课题目录

序号	课题申报单位	负责人	课题名称
1	中国钱币博物馆	周卫荣	中国古代银锭科学研究
2	中国钱币博物馆	王永生	中国古代钱币文化对周边国家及地区影响的研究
3	山东省钱币学会	李建文	北海银行货币图释
4	山东省钱币学会	沈居安	老交通银行史话（1908—1949）
5	河北省钱币学会	戴建兵	中国近代币制的特点——以白银为核心的货币体系
6	河北省钱币学会	贾章旺	中国革命根据地货币发展简史和表解
7	甘肃省钱币学会	于廷明	甘青宁纸币研究
8	山东省钱币学会	李银	抗战时期山东根据地工商局与其系统发行的货币研究
9	河南省钱币学会	刘森	《货泉沿革》成书年代考
10	河南省钱币学会	王流海	我国早期工人运动中在共产党领导下的货币发行与流通
11	甘肃省钱币学会	曹源	河西出土货币与丝路经济文化交流
12	山东省钱币学会	贺传芬	北海银行的发展历程与北海币的版别研究
13	山西省钱币学会	刘建民	18-19世纪中华文化背景下的中国金融业——对晋商金融业的梳理
14	河南省钱币学会	王强	人民币硬币流通问题研究

附 3：

中国钱币学会文件

中钱会发〔2016〕13 号

关于中国钱币学会 2014、2015 年第一批课题结项验收结果的通知

各单位会员：

2014 年至今，中国钱币学会连续三年面向社会开展钱币学相关学术课题的申报工作。2014 及 2015 年共收到课题申请书近百份，经专家匿名评审，对其中 32 项课题予以立项（其中 2014 年 14 项，2015 年 18 项）。截至 2016 年初，共有 10 项立项课题按期提交结项成果，进入专家鉴定评审程序。

根据《中国钱币学会学术课题管理办法》（2016 年 8 月修订）（以下简称《课题管理办法》）的要求，秘书处将以上 10 项成果以匿名形式各分送五位相关领域学术委员会专家进行严格评审，其中《中国古代银锭科学研究》和《北海银行货币图释》获得优秀等级，《抗战时期山东根据地工商局与其系统发行的货币研究》、《〈货泉沿革〉成书年代考》和《山东近代货币》获得良好等级，《中国古代钱币文化对周边国家及地区影响的研究》、

《老交通银行史话（1908—1949）》以及《北海银行的发展历程与北海币的版别研究》获得合格等级。经中国钱币学会2014、2015年第一批学术课题结项评审意见审核会核议，以上8项课题通过专家鉴定，获准结项；2项课题鉴定暂未通过。

　　按照《课题管理办法》的规定，已获准结项的项目，将获得结项资助经费余款。请各结项项目所在省级钱币学会提供收款单位名称、开户行及账号，并以公函形式发中国钱币学会秘书处邮箱。如有题目或负责人等信息变更、与原立项信息不符者，请尽快由课题负责人向秘书处补交书面申请，以免影响后续资助程序；针对此次参加评审暂未通过的项目，秘书处会将鉴定专家意见反馈给课题负责人，请根据专家建议对成果进行认真修改，一年内可重新申请鉴定。

　　已获准结项课题负责人，应进一步做好成果的宣传、出版与推广工作；其他尚未结项项目负责人请按计划继续努力，按期完成项目，力争以优秀成果顺利结项。

　　附件：中国钱币学会2014、2015年第一批结项课题鉴定等
　　　　级统计表

中国钱币学会
2016年9月5日

内部发送：馆领导、各处室

附件

附件

中国钱币学会2014、2015年第一批结项课题鉴定等级统计表

结项编号	项目名称	负责人	申报单位	课题类别	鉴定等级
01	中国古代银锭科学研究	周卫荣	中国钱币博物馆	专著	优秀
02	中国古代钱币文化对周边国家及地区影响的研究	王永生	中国钱币博物馆	专著	合格
03	老交通银行史话（1907—1949）	沈居安	山东省钱币学会	专著	合格
04	抗战时期山东根据地工商局与其系统发行的货币研究	李 银	山东省钱币学会	论文	良好
05	《货泉沿革》成书年代考	刘 森	河南省钱币学会	论文	良好
06	河西出土货币与丝路经济文化交流	曹 源	甘肃省钱币学会	论文	暂未通过
07	北海银行的发展历程与北海币的版别研究	贺传芬	山东省钱币学会	论文	合格
08	北海银行货币图释	李建文	山东省钱币学会	专著	优秀
09	山东近代货币	盛志坚	山东省钱币学会	专著	良好
10	汉代金银货币的研究	庄明军 付 萍	山东省钱币学会	论文	暂未通过

后 记

马不停蹄忙活了3年多，《交通银行史话（1907—1949）》终于完稿了！

在讲"事"、说"人"和赏"钱"的笔耕过程中，更加感到老交通银行的生动和感人，更加感到老交通银行的优良传统须传扬和传承，更加感到完成这本"老三篇"的责任和光荣！

感谢中国钱币学会的立项支持！

感谢山东省钱币学会的鞭策关怀！

感谢青岛市钱币学会的知遇之恩！

感谢我的就职单位交通银行！

感谢曲维涛、贾秀友、张瑞霞、张晓光、王海虹、王丽、宫红波……

倾数年之力完成了这本书，由衷感到，得到的比付出的更多！深感今生履历交通银行的欣慰，深感职业生涯在交通银行的美好和圆满！

爱你，交通银行，奉献了我青壮年的交通银行！

沈居安
2017年10月

图书在版编目（CIP）数据

交通银行史话：1907—1949 / 沈居安著 . -- 青岛：青岛出版社, 2017.11
ISBN 978-7-5552-6292-3

Ⅰ.①交… Ⅱ.①沈… Ⅲ.①交通银行 – 银行史 – 中国 – 1907-1949 Ⅳ.① F832.33

中国版本图书馆 CIP 数据核字（2017）第 262552 号

书　　名	交通银行史话（1907—1949）
著　　者	沈居安
出版发行	青岛出版社
社　　址	青岛市海尔路182号（266061）
本社网址	http://www.qdpub.com
邮购电话	13335059110　0532-68068026
责任编辑	钦林威
封面设计	侯琳琳
制　　版	青岛乐喜力科技发展有限公司
印　　刷	青岛国彩印刷有限公司
出版日期	2017 年 10 月第 1 版　2018 年 3 月第 2 次印刷
开　　本	32开（890mm×1240mm）
印　　张	7.5
字　　数	150千
图　　数	355幅
印　　数	3001-6000
书　　号	ISBN 978-7-5552-6292-3
定　　价	68.00 元

编校印装质量、盗版监督服务电话：4006532017　0532-68068638